INSTITUTO JACOB DO BANDOLIM

Apresenta

Caderno de Composições de Jacob do Bandolim
Vol. 1

Obra completa revisada, incluindo partituras inéditas

Nº Cat.: 331-A

Irmãos Vitale Editores Ltda.
vitale.com.br
Rua Raposo Tavares, 85 São Paulo SP
CEP: 04704-110 editora@vitale.com.br Tel.: 11 5081-9499

© Copyright 2011 by Irmãos Vitale Editores Ltda. - São Paulo - Rio de Janeiro - Brasil.
Todos os direitos autorais reservados para todos os países. *All rights reserved.*

Ficha técnica

Direção musical, transcrição e harmonização: Marcílio Lopes
Coordenação geral: Pedro Aragão e Sergio Prata
Consultoria de repertório: Déo Rian
Harmonização: Luiz Otávio Braga, Maurício Carrilho e Paulo Aragão.
Revisão de texto: Marcos Roque
Projeto gráfico: Fabiana de Almeida Pires e Roberto Votta
Produção executiva: Fernando Vitale
Realização: Instituto Jacob do Bandolim
Apoio: Museu da Imagem e do Som do Rio de Janeiro

Agradecimentos

Alessandro Valente, Alexandre Loureiro, Aline Silveira, Anna Paes, Bia Paes Leme, Bruno Rian, Cristovão Bastos, Egeu Laus, Ermelinda Paz, Hermínio Bello de Carvalho, Humberto Araujo, Izaias Bueno de Almeida, João Pimentel, Lucia Romano, Marcio Almeida, Rogerio Souza, Rosa Maria Araujo, Sergio Cabral, Toni 7 Cordas e Instituto Moreira Sales.

Dedicatória

Elena Bittencourt nos deixou em meio aos preparativos do lançamento desta coleção, fazendo-nos órfãos da sua ilimitada dedicação à obra de seu pai e ao choro. Por quase dez anos Elena dirigiu o Instituto Jacob do Bandolim com grande carinho e com a firmeza necessária para que nossos objetivos fossem alcançados. Sem dúvida, era filha de Jacob.

Ano após ano foram sendo realizados: o show *Ao Jacob, seus Bandolins*, com seus premiados CD e DVD; a *Coleção Todo Jacob*, reunindo todas as gravações de seu pai; o álbum de partituras *Tocando com Jacob*; o CD *Inéditos de Jacob do Bandolim Vol. 2*, que recebeu o Prêmio Petrobrás/Rival; os shows por todo o país e a digitalização dos 200 rolos magnéticos e das 6.000 partituras reunidas por nosso patrono, esses em parceria com o MIS-RJ.

Elena estava muito feliz por mais este singelo presente dedicado aos músicos brasileiros e vai transbordar de alegria quando souber, lá em cima, que esse *Caderno de Composições*, com a obra completa de seu pai, é dedicado a ela.

Instituto Jacob do Bandolim
Rio de Janeiro, agosto de 2011

CIP-BRASIL. CATALOGAÇÃO NA FONTE
SINDICATO NACIONAL DOS EDITORES DE LIVROS - RJ.

C129
v. 1

Caderno de composições de Jacob do Bandolim, vol. 1 : obra completa revisada, incluindo partituras inéditas / Instituto Jacob do Bandolim apresenta. - São Paulo : Irmãos Vitale, 2011.
136p.

ISBN 978-85-7407-344-6

1. Jacob, do Bandolim, 1918-1969. 2. Bandolim - Métodos. I. Instituto Jacob do Bandolim.

11-6068.

CDD: 787.84
CDU: 780.614.11

14.09.11   23.09.11

029826

Apresentação

O Instituto Jacob do Bandolim (IJB), fiel à filosofia de seu patrono, de pesquisa, preservação e disponibilização de arquivos da música brasileira, tem a honra de apresentar, em parceria com o Museu da Imagem e do Som do Rio de Janeiro (MIS-RJ), o *Caderno de Composições de Jacob do Bandolim*. Este trabalho, fruto da dedicação de uma equipe de estudiosos do choro, reúne a obra completa do nosso mestre das cordas, inclusive composições inéditas, descobertas durante o processo de identificação e catalogação de suas partituras.

Jacob, ainda iniciante no meio artístico, estreou como compositor em 1939, aos 21 anos, compondo letra e música do samba "Se alguém sofreu", gravado por ninguém menos do que Aracy de Almeida que, na época, dividia com Carmem Miranda o lugar de maior destaque entre as cantoras brasileiras. O curioso é que Jacob nunca mencionou em seus depoimentos ou entrevistas essa láurea.

Mas o Jacob dessa fase, que ainda nos brindou com "Inocência" e "Foi numa festa", compostos, segundo Elizeth Cardoso, para emoldurar suas primeiras conquistas amorosas, foi amadurecendo e sofisticando seu processo criativo sem nunca ter perdido, entretanto, "a forma pura do choro", como dizia Lúcio Rangel.

Embora fosse um melodista refinado, Jacob costumava trocar a palheta pela máquina de escrever, onde registrava suas letras – muitas das quais residiram durante décadas em uma caixinha de papelão na casa de sua filha Elena –, entre elas, a sua versão poética para o choro "Ingênuo", de Pixinguinha.

Apesar de ter sido um chorão compulsivo, o Jacob compositor não se prendeu só a esse gênero, tendo composto também valsas, sambas, frevos, polcas, partidos-altos, *schottischs* e mazurcas, além dos gêneros coquinho e ponteado.

Radamés Gnattali, o genial maestro, disse certa vez, ao se referir a Jacob, "muitos tocam bandolim, Jacob toca Jacob". Assim, em poucas palavras, conseguiu sintetizar o estilo de interpretação que deu forma à principal escola do bandolim brasileiro. Do mesmo modo, após vasculhar este prazeroso material, você poderá afirmar, parafraseando Radamés, que "Jacob compõe Jacob".

Sergio Prata

SI ALGUEM SOFREU...

SAMBA

Letra e Musica de
JACOB

Gravado em disco VICTOR
por ARACY DE ALMEIDA

PREÇO
3$000

Diretrizes Adotadas

As fontes utilizadas na compilação deste *Caderno de Composições de Jacob do Bandolim* foram gravações (comerciais e do acervo particular do autor) e manuscritos dos acervos do Instituto Jacob do Bandolim, do Museu da Imagem e do Som do Rio de Janeiro e do Instituto Moreira Salles (IMS).

Nos casos das composições registradas em disco pelo próprio Jacob, tais gravações foram consideradas como documento básico para a confecção das partituras, e mesmo nos casos em que havia um manuscrito daquela obra, as partituras finais foram ajustadas para refletirem sua forma final em disco, por vezes se afastando um pouco das anotações iniciais do autor e de seus copistas. Nos casos dos choros gravados mais de uma vez, priorizou-se a representação da primeira gravação. Talvez você repare, por exemplo, que em "Benzinho" (incluída no vol. 1), a grafia aqui – referente à gravação de 1955 – é um pouco diferente daquela registrada no álbum *Tocando com Jacob*, primeiro livro editado pelo IJB em parceria com a Editora Irmãos Vitale, no qual os registros fonográficos são de 1961.

Buscou-se na harmonia (cifras) uma aproximação com as gravações originais, registrando as conduções do baixo e as "baixarias" mais significativas. Pequenas diferenças no uso de tensões nos acordes refletem individualidades na abordagem de cada harmonizador e foram consideradas pertinentes na medida em que o próprio Jacob utilizava arranjadores e formações diversas, além daquela mais tradicional do regional. Critérios pessoais também se refletem na forma como foram harmonizados os manuscritos sem referência de áudio.

Quanto à forma, optou-se, na maior parte das vezes, pela repetição tradicional das rodas de choro (AA-BB-A-CC-A, por exemplo, para os choros de três partes), embora, nas gravações, Jacob optasse por não repetir uma parte ou outra, geralmente em função do tempo da faixa no disco.

Os andamentos aproximados foram medidos nas gravações e são indicados no início de cada peça. Para composições sem registro gravado, optou-se por colocar uma sugestão de andamento entre colchetes.

Em "Estímulo nº 1" (incluída no vol. 1), não foi possível determinar a que se referem as indicações numéricas no manuscrito. Parecem indicar, para a facilidade do estudo, uma possível fragmentação da peça em seções menores.

As anotações de data e dedicatórias nos manuscritos originais do autor foram transcritas entre aspas ao final de cada obra. Informações complementares, consideradas relevantes pela equipe de trabalho, foram colocadas na forma de observações.

Para os choros que tiveram registro com o violão tenor ou o vibraplex, optou-se por apresentar duas versões: uma em Fá (transposta uma 5ª acima), que deverá ser lida no instrumento tenor, e uma segunda versão apresentada sem transposição, que poderá ser utilizada pelo bandolim ou por qualquer outro instrumento em Dó.

Para as composições com letra, optou-se pela colocação dos versos sob a linha melódica. Em algumas delas não registradas em disco, os manuscritos apresentavam somente a linha melódica com os versos destacados do corpo das partituras. Nesses casos, a escansão apresentada deve ser encarada como uma proposta: em alguns pontos restaram duas ou mais sílabas por nota, em outros, ocorreu o contrário. Uma proposta de redivisão rítmica é apresentada em casos julgados pertinentes. Aqui, também, a forma da canção é apresentada sem grandes elaborações, em geral, com uma indicação simples de retorno *da capo*.

No caso de "Valsa" (incluída no vol. 1), a presença de Valdo Abreu na parceria indica a provável existência de letra para a melodia de Jacob. Esses versos, contudo, não foram localizados.

Marcílio Lopes

Mesmo em tempos de internet, quando quase está tudo lá ao alcance dos olhos, é mais do que louvável que a bela obra de Jacob do Bandolim esteja também ao alcance das mãos. O álbum que reúne suas músicas vem ampliar o leque de suportes que o próprio Jacob construiu ao longo dos tempos: seus discos maravilhosos e o arquivo com seu acervo, legado ao Museu da Imagem e do Som do Rio de Janeiro. E é com a chancela do Instituto que leva seu nome que essa edição chegará às mãos e às cordas dos muitos bandolinistas que cultuam a memória e a obra do mito, hoje um nome internacional. Porque, cada vez que o ouvimos, parece que Jacob do Bandolim fica ainda mais brasileiro.

Hermínio Bello de Carvalho (poeta)

Jacob e seu bandolim unificados numa deliciosa caricatura de Vilmar

Quando vejo tantos bandolinistas jovens tocando nas rodas de choro e quando me deparo com iniciativas como tantas do Instituto Jacob do Bandolim – agora com este fantástico trabalho de oferecer aos músicos as partituras das composições de Jacob – o que me ocorre é a contradição existente na personalidade do mestre: um músico genial e um péssimo profeta. Ele vivia dizendo que o choro desapareceria e, para comprovar o que dizia, tinha uma série de argumentos, incluindo o de que choro era uma música para ser executada nos quintais das casas, e os quintais estavam acabando. No entanto, já passaram várias décadas desde a sua morte e, o que a gente percebe é que não só o choro que, está muito vivo, mas que o próprio Jacob do Bandolim, por sua obra maravilhosa, está cada vez mais presente entre nós. Não há dúvida, Jacob vive.

Sergio Cabral (jornalista)

Partitura manuscrita por Jacob do Bandolim (datada em 5.1.64)

AS PARTITURAS

Índice das Partituras

1.	A ginga do Mané (em Fá)	10
2.	A ginga do Mané (em Dó)	12
3.	Adylia	14
4.	Ao som dos violões	16
5.	Baboseira	18
6.	Benzinho	20
7.	Biruta	22
8.	Boas vidas	24
9.	Bole-bole	26
10.	Cabuloso	28
11.	Carícia (em Fá)	30
12.	Carícia (em Dó)	32
13.	Choro de varanda	34
14.	Chuva	36
15.	Consciência	38
16.	Cristal (em Fá)	40
17.	Cristal (em Dó)	42
18.	De Limoeiro a Mossoró	44
19.	Diabinho maluco	46
20.	Encantamento	48
21.	Estímulo nº 1	50
22.	Falta-me você	52
23.	Feitiço (valsa)	54
24.	Foi numa festa	56
25.	Forró de gala	58
26.	Gostosinho	60
27.	Helena	62
28.	Horas vagas	64
29.	Inocência	66
30.	Jamais	68
31.	Jeitoso	70
32.	Longe dos carinhos teus	72
33.	Mágoas	74
34.	Maroto	76
35.	Meu lamento (Meu samba é meu lamento)	78
36.	Meu viveiro	80
37.	Migalhas de amor (em Fá)	82
38.	Migalhas de amor (em Dó)	84
39.	Mimosa (valsa)	86
40.	Nego frajola	88
41.	No jardim	90
42.	No teatro d'alma	92
43.	Noites cariocas	94
44.	Nostalgia (em Fá)	96
45.	Nostalgia (em Dó)	98
46.	O vôo da mosca	100
47.	Para eu ser feliz	102
48.	Pateck cebola	104
49.	Pé de moleque	106
50.	Preciosa	108
51.	Primavera	110
52.	Receita de samba	112
53.	Rua da Imperatriz	114
54.	Saliente	116
55.	Salões imperiais	118
56.	Sapeca	120
57.	Se alguém sofreu	122
58.	Tatibitate	124
59.	Ternura	126
60.	Toca pro pau	128
61.	Vale tudo	130
62.	Valsa	132
63.	Velhos amigos	134

Relação das Obras Incluídas no Volume 2

1. Alvorada
2. Ao Quaresma e ao Mauro
3. Assanhado
4. Bisbilhoteiro
5. Bola preta
6. Buscapé
7. Chinelo velho
8. Chorinho na praia
9. Chuva de estrelas
10. Ciumento
11. De coração a coração
12. Doce de coco
13. Dolente
14. Elena
15. Entre mil...você!
16. Eu e você
17. Feia
18. Feitiço (choro) (em Fá)
19. Feitiço (choro) (em Dó)
20. Há nos olhos teus paisagem linda
21. Heróica
22. Implicante
23. Isto é nosso
24. Já que não toco violão
25. La duchesse
26. Lembranças
27. Luar no arpoador
28. Maxixe na tuba
29. Meu segredo
30. Mexidinha
31. Mimosa (polca)
32. Mimoso
33. Minha saudade
34. Mulher vaidosa
35. No retiro do João
36. Nosso romance
37. Novos tempos
38. Orgulhoso
39. Para encher tempo
40. Pensando em você
41. Pérolas
42. Por que sonhar?
43. Pra você
44. Primas e bordões
45. Quebrando o galho
46. Remeleixo
47. Reminiscências
48. Sai do caminho
49. Saltitante
50. Santa morena
51. Sapeca Iaiá
52. Saracoteando
53. Saudade (em Fá)
54. Saudade (em Dó)
55. Sempre teu
56. Sereno
57. Simplicidade
58. Treme-treme
59. Um bandolim na escola
60. Vascaíno
61. Velhos tempos
62. Vibrações
63. Vidinha boa
64. Vigília

A ginga do Mané

Jacob do Bandolim

Choro

Versão - F

obs: inspirado nos dribles de Mané Garrincha, composto em 1962.

A ginga do Mané

Choro

Jacob do Bandolim

obs: inspirado nos dribles de Mané Garrincha, composto em 1962.

Adylia

Valsa
Jacob do Bandolim

"Out/62 - Barca de Niterói"

Ao som dos violões

Choro

Jacob do Bandolim

Choro estilizado

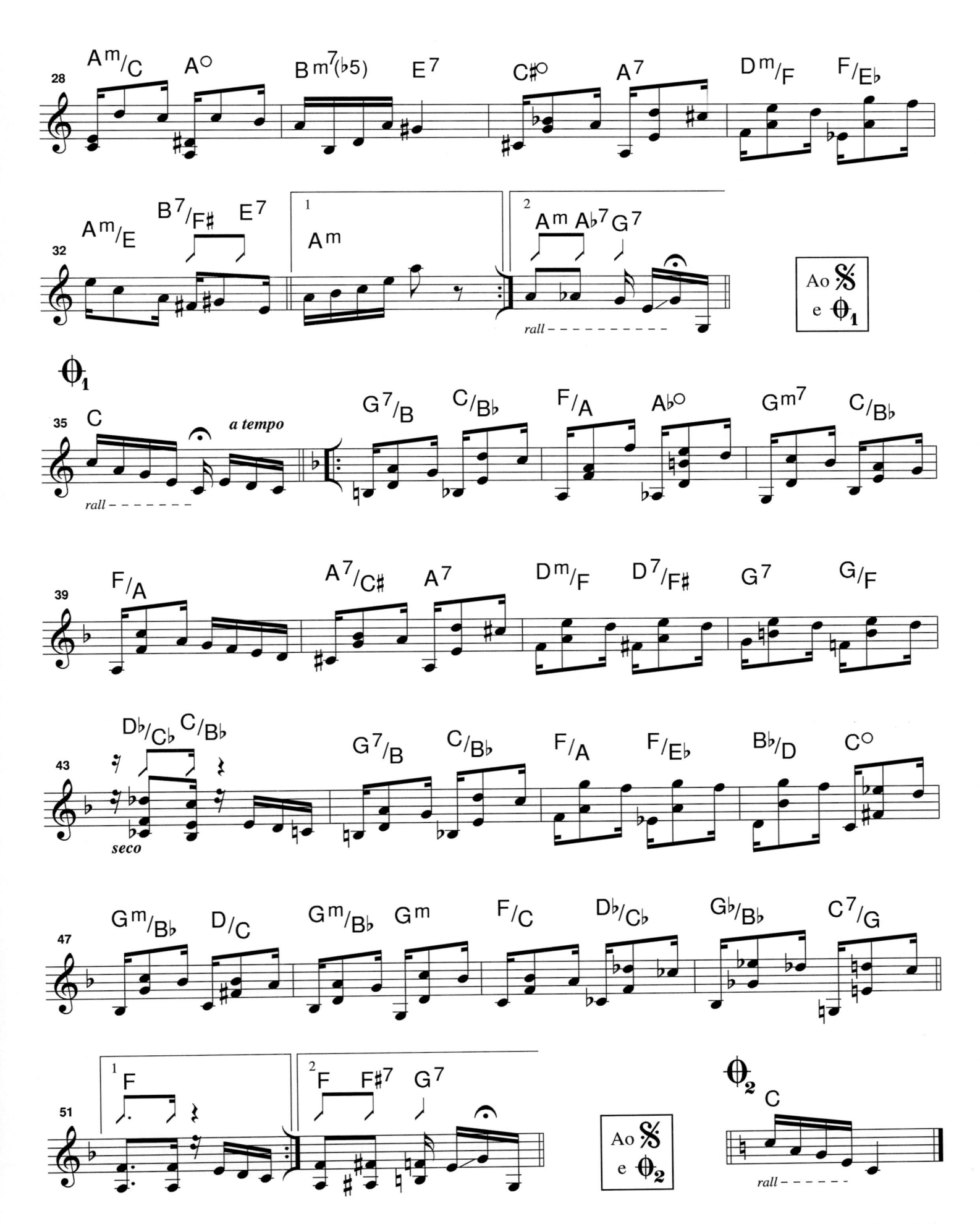

Baboseira

Choro
Jacob do Bandolim

"Composto + ou - em 1948"

Benzinho

Choro
Jacob do Bandolim

Dm C7 F F#° C7/G
Gm G#° F/A F
F7 Eb7 D7 D/C G7/B G7
C7 C7 C/Bb F/A F/C F
F#° C7/G Gm A7
Dm D7 Gm G#° F7 E7 Eb7
D7 G7 C7 F C7
F A7 Dm
Ao
e

Biruta

Partido alto
Jacob do Bandolim

ad libitum

Boas Vidas

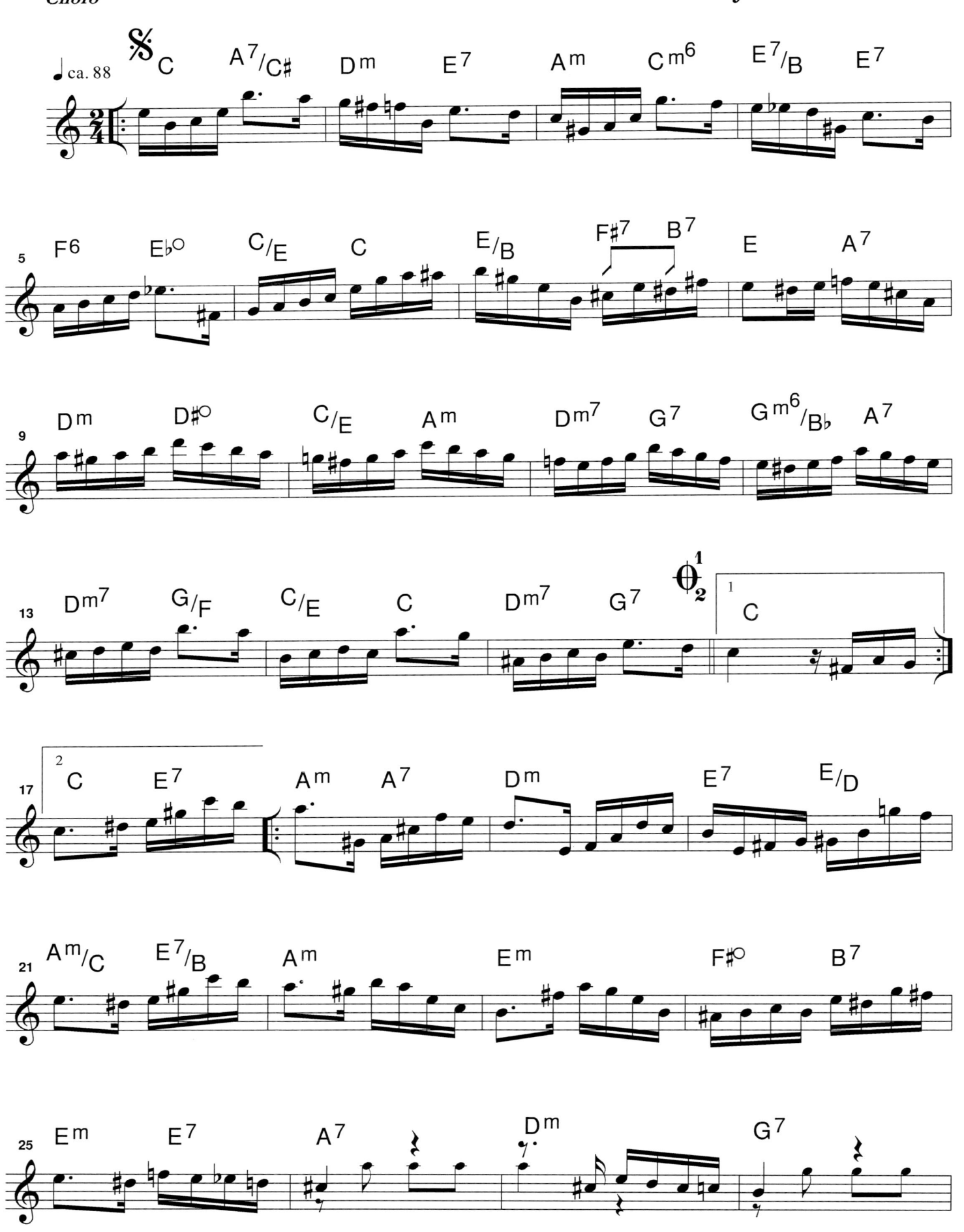

Choro
Jacob do Bandolim

*Ao pessoal do Retiro da Velha Guarda
05 / 01 / 64*

Bole-bole

Jacob do Bandolim

Samba

♩ ca. 110

52
Em
C7
Em
C7
Em
57
F♯7 B7
Em
E7
Am
Em/G
63
F7
Em
B7
1 Em
B7
68
2 Em
E♭7
D7
Ao 𝄋
e 𝄌1
G6
G7
72
C
B7/D♯
E/D
77
A7/C♯
Dm
Dm7(♭5)
C
83
Am7
D7
G7
88
C
B7/D♯
E/D
94
A7/C♯
Dm
Fm6
C7M/E
A7
100
Dm7
Fm6/A♭
G7
C
1 G7
2 D7
Ao 𝄋
e 𝄌2
105
G6
G6
A7/C♯
Cm6
G6
ad libitum

Cabuloso

Jacob do Bandolim

Choro

♩ ca. 120

"Composta entre 1940 e 1946"

Carícia

Choro
Jacob do Bandolim

Versão - F

30
F/A
G7/B
G7
C7
34
C7
C/B♭
F/A
38
F6
D7/F♯
D/C
Gm/B♭
Gm
43
B♭7M
B♭m6/D♭
F/C
F/A
Gm7
48
C7
F6
6
DC
e
51
Dm
Dm6

Carícia

Choro
Jacob do Bandolim

30
B♭/D
C7/E
C7
F7
34
F7
F/E♭
B♭/D
38
B♭6
G7/B
G/F
Cm/E♭
Cm
43
E♭7M
E♭m6/G♭
B♭/F
B♭/D
Cm7
48
F7
B♭6
6
D C
e
51
Gm
Gm6

Choro de varanda

Choro

Jacob do Bandolim

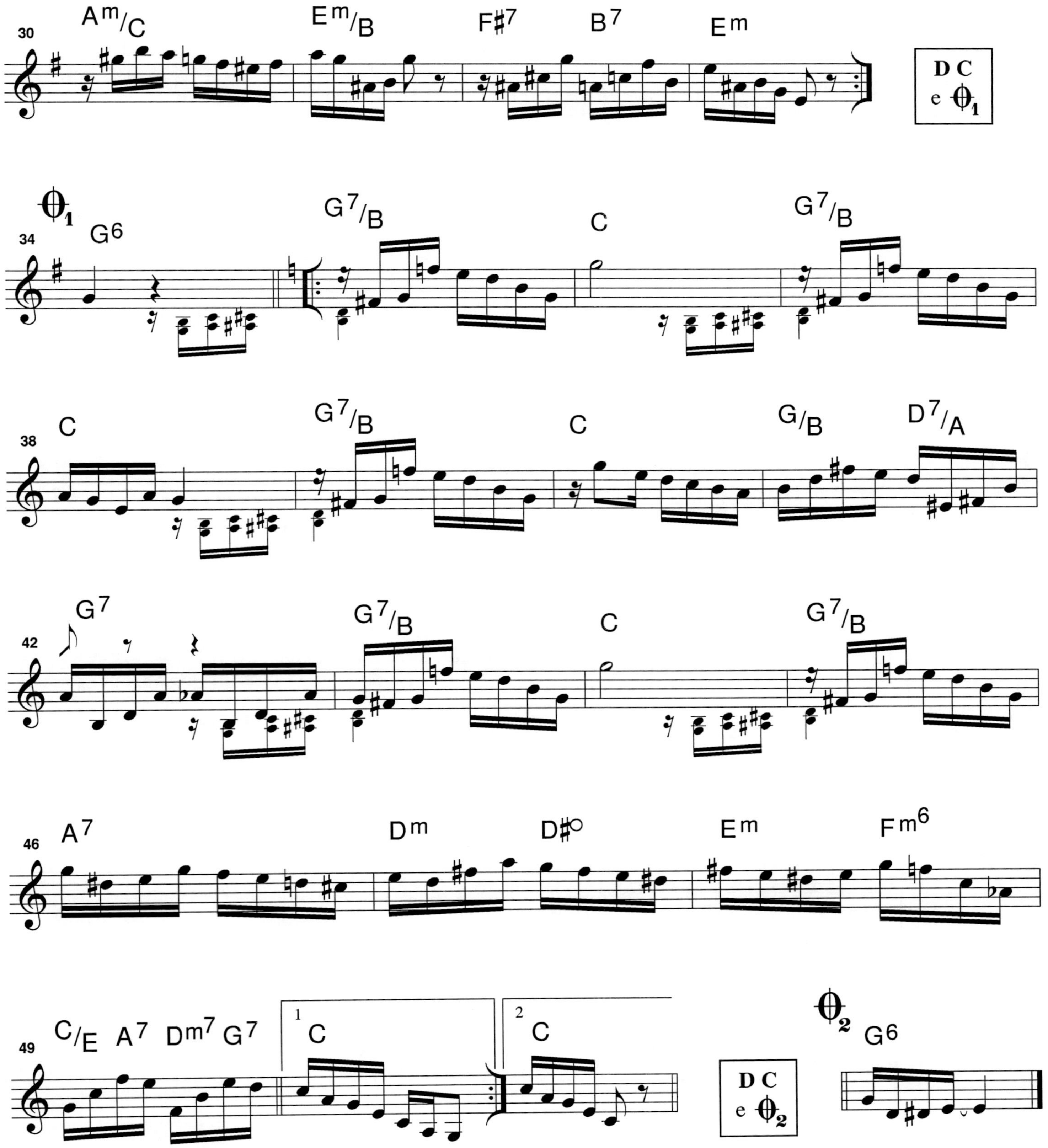
30
Am/C
Em/B
F♯7
B7
Em
D C
e Φ1
Φ1
34
G6
G7/B
C
G7/B
38
C
G7/B
C
G/B
D7/A
42
G7
G7/B
C
G7/B
46
A7
Dm
D♯o
Em
Fm6
49
C/E
A7
Dm7
G7
1
C
2
C
D C
e Φ2
Φ2
G6

Chuva

Choro-canção

Jacob do Bandolim

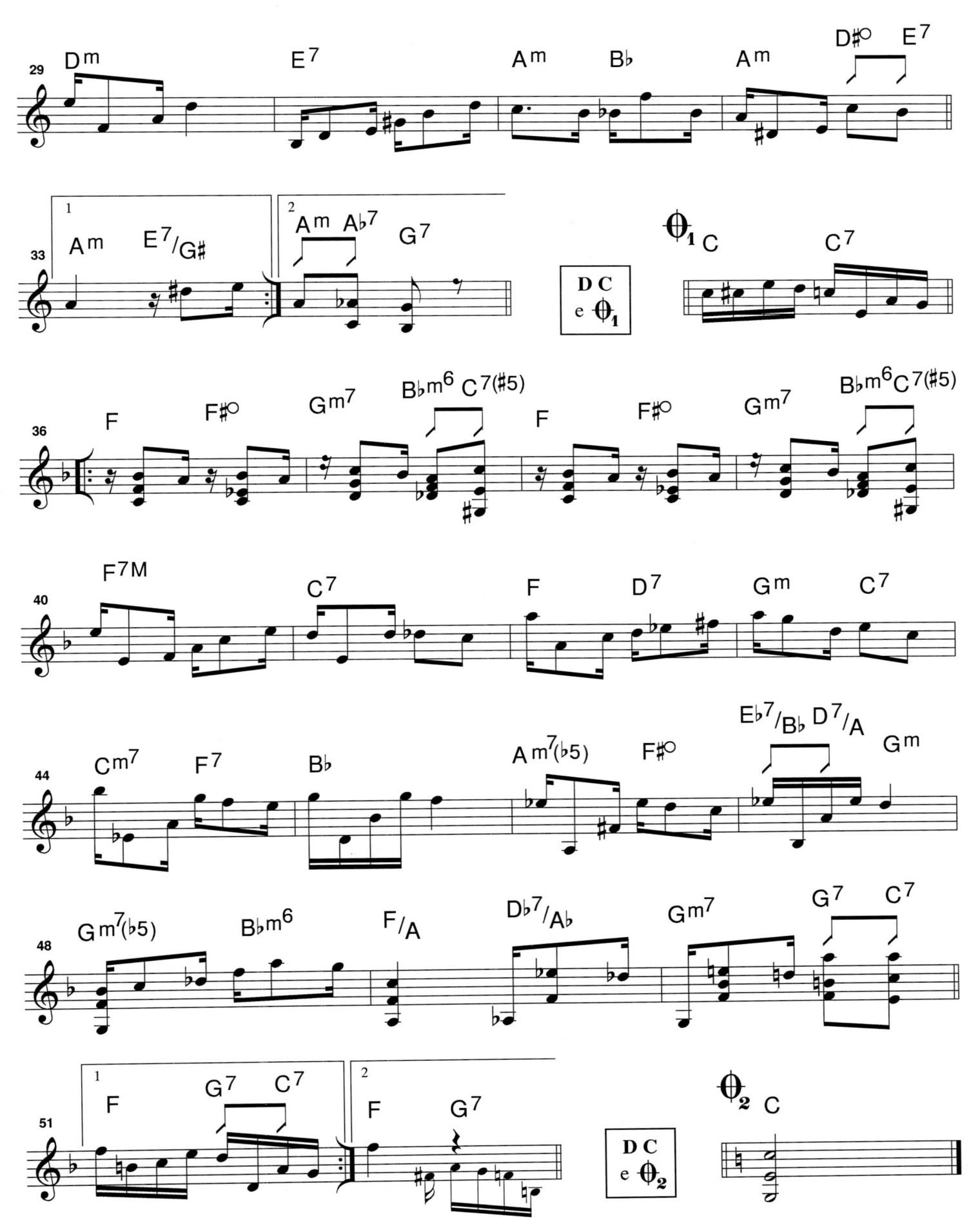

*" Ao Jaci com um abraço do autor.
Rio , 9 / 10 / 49 "*

Consciência

Samba   Jacob do Bandolim

[♩ ca. 78]

Cons - ci - ên - cia eu te pe - ço eu te im - plo - ro Quan-
- do fi - ca - res can - sa - da do nos - so a - mor
Cons - ci - ên cia e não con - ta a nin - guém o que hou-ve en - tre nós
Guar - da con - ti go pa - de - ça - mos a sós
Sei que é di - fí - cil es - que - cer
e é por is - so que de - ve - mos ter
Cons - ci - ên - cia

Copyright © 2011 by IRMÃOS VITALE S/A INDÚSTRIA E COMÉRCIO

Consciência
Eu te peço
Eu te imploro
Quando ficares cansada
Do nosso amor...
Consciência
E não conta a ninguém
O que houve entre nós
Guarda contigo
Padeçamos a sós ...
Sei que é difícil esquecer
E é por isso que devemos ter
Consciência ...

Mas se alguém souber e perguntar
Peço-te, é favor, não revelar,
Porque eu
Desmentirei com todo o ardor
"Não foi nada,
Não é verdade, não, senhor!"

Cristal

Choro
Jacob do Bandolim

Versão - F
♩ ca. 66

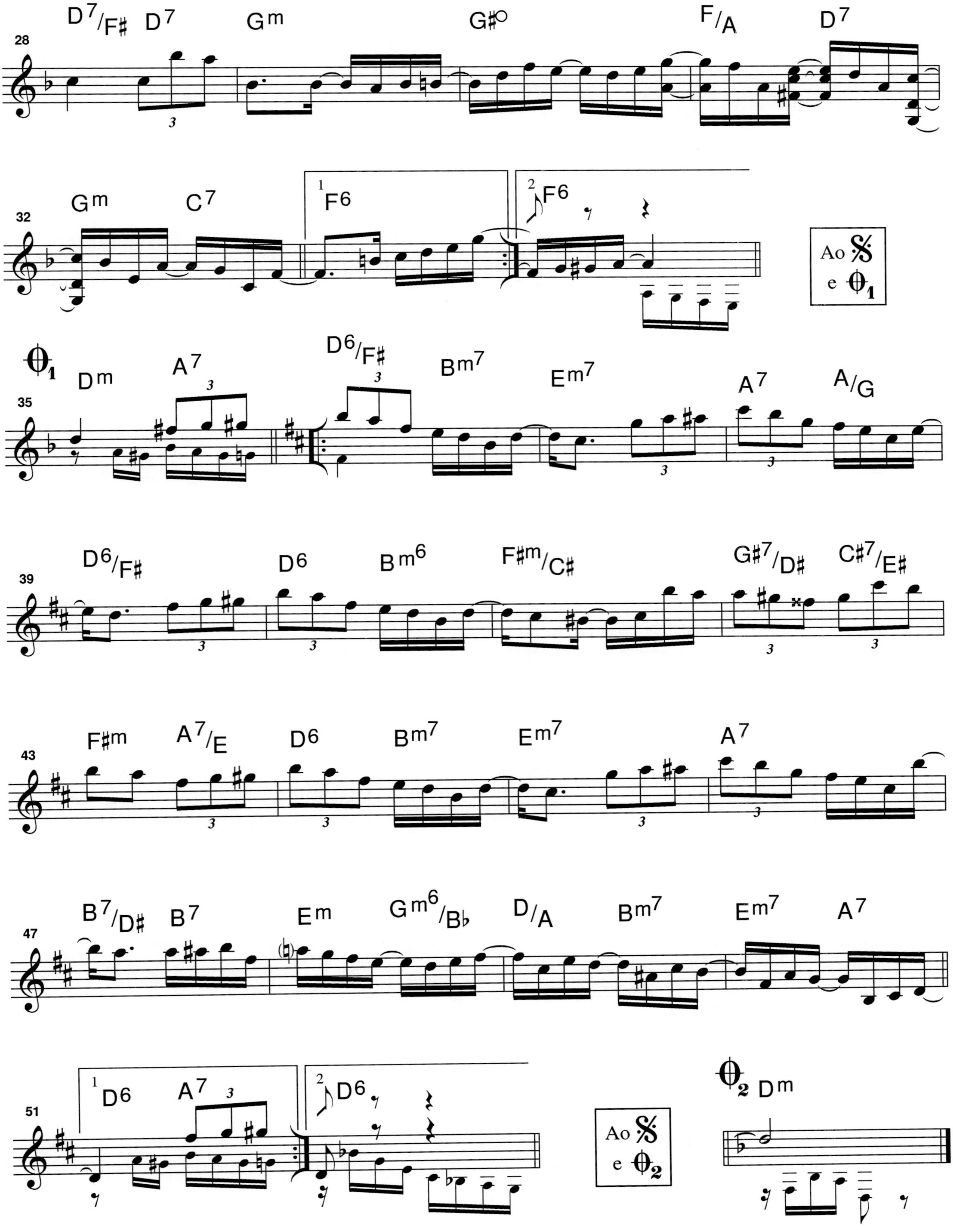
D7/F♯ D7 Gm G♯º F/A D7
Gm C7 F6 F6
Ao e
Dm A7 D6/F♯ Bm7 Em7 A7 A/G
D6/F♯ D6 Bm6 F♯m/C♯ G♯7/D♯ C♯7/E♯
F♯m A7/E D6 Bm7 Em7 A7
B7/D♯ B7 Em Gm6/B♭ D/A Bm7 Em7 A7
D6 A7 D6
Ao e
Dm

Cristal

Choro

Jacob do Bandolim

28
G7/B G7 Cm C#° B♭/D G7
32
Cm F7
1 B♭6
2 B♭6
Ao 𝄋 e Φ1
Φ1
35
Gm D7 G6/B Em7 Am7 D7 D/C
39
G6/B G6 Em6 Bm/F# C#7/G# F#7/A#
43
Bm D7/A G6 Em7 Am7 D7
47
E7/G# E7 Am Cm6/E♭ G/D Em7 Am7 D7
51
1 G6 D7
2 G6
Ao 𝄋 e Φ2
Φ2 Gm

De Limoeiro a Mossoró

Jacob do Bandolim

Ponteado

67 G7 C
72 C7 F7 G7
77 C C7
82 F7 G7 C
88 C7 F7 G7
94 C C7 F7
100 G7 C C7
106 F7 G7 C
111 C7 F7
116 G7 C C7
122 F7 G7 C
ad libitum

Diabinho maluco

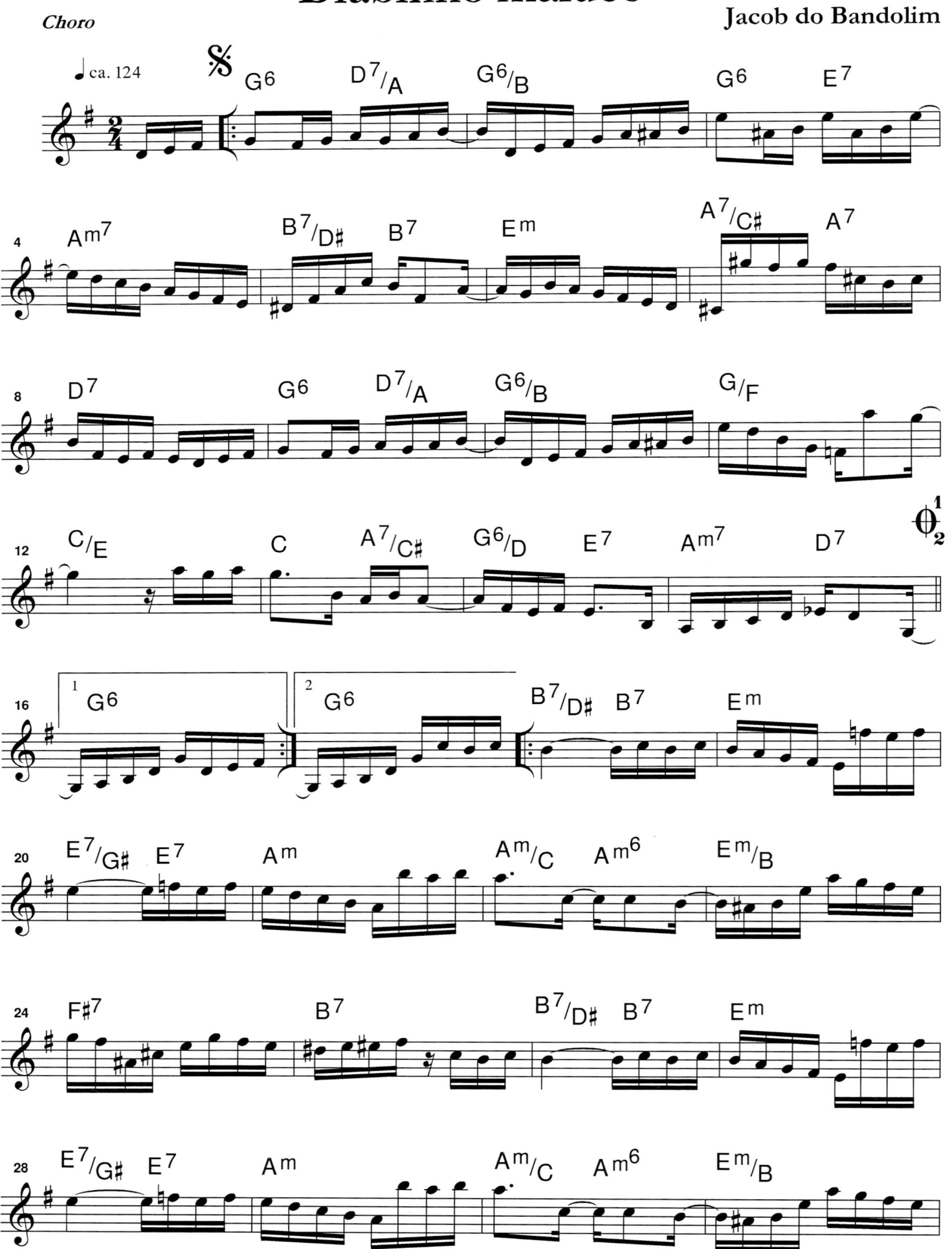

Choro

Jacob do Bandolim

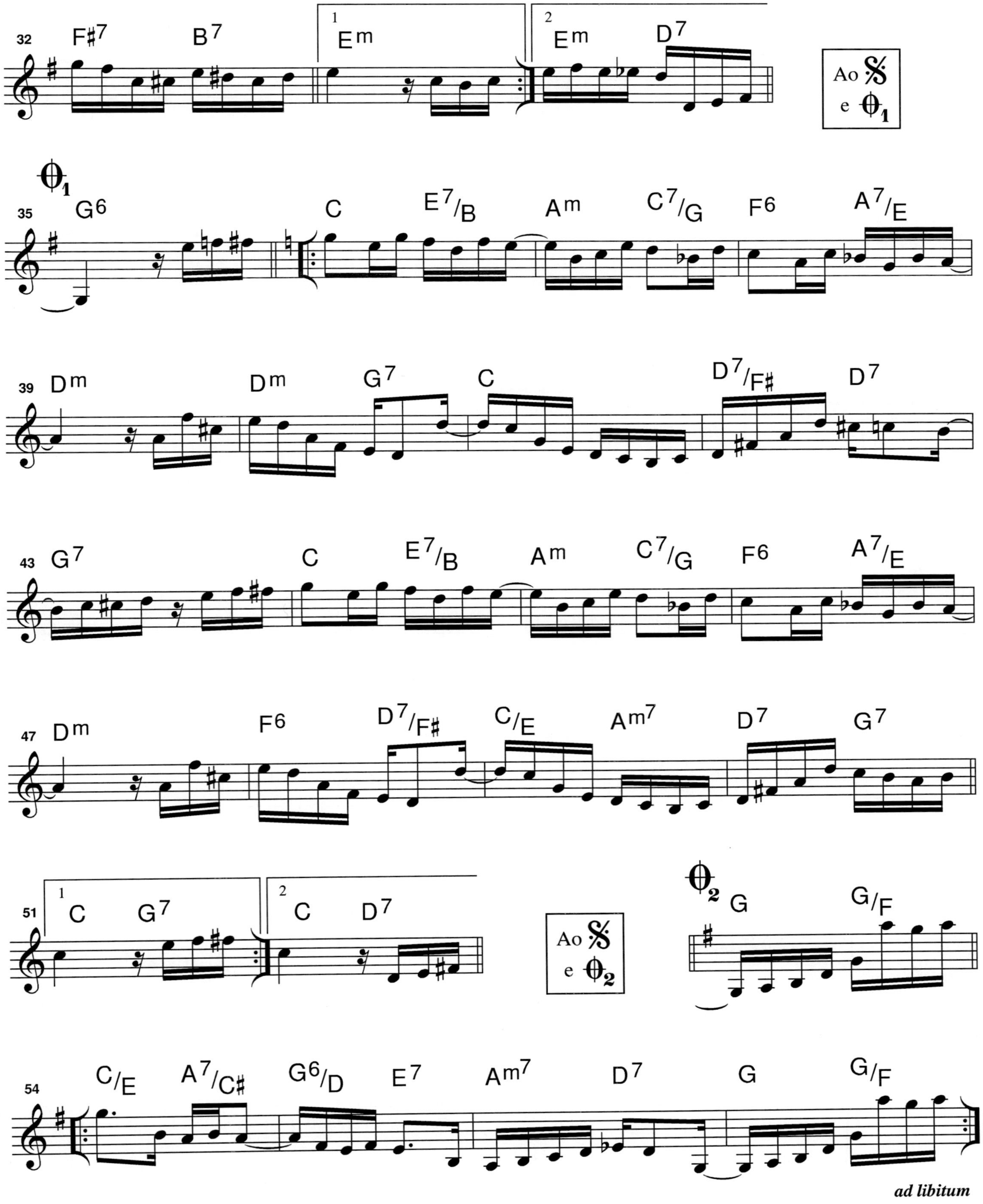
32 F♯7 B7 1 Em 2 Em D7
Ao e
35 G6 C E7/B Am C7/G F6 A7/E
39 Dm Dm G7 C D7/F♯ D7
43 G7 C E7/B Am C7/G F6 A7/E
47 Dm F6 D7/F♯ C/E Am7 D7 G7
51 1 C G7 2 C D7
Ao e
G G/F
54 C/E A7/C♯ G6/D E7 Am7 D7 G G/F
ad libitum

Encantamento

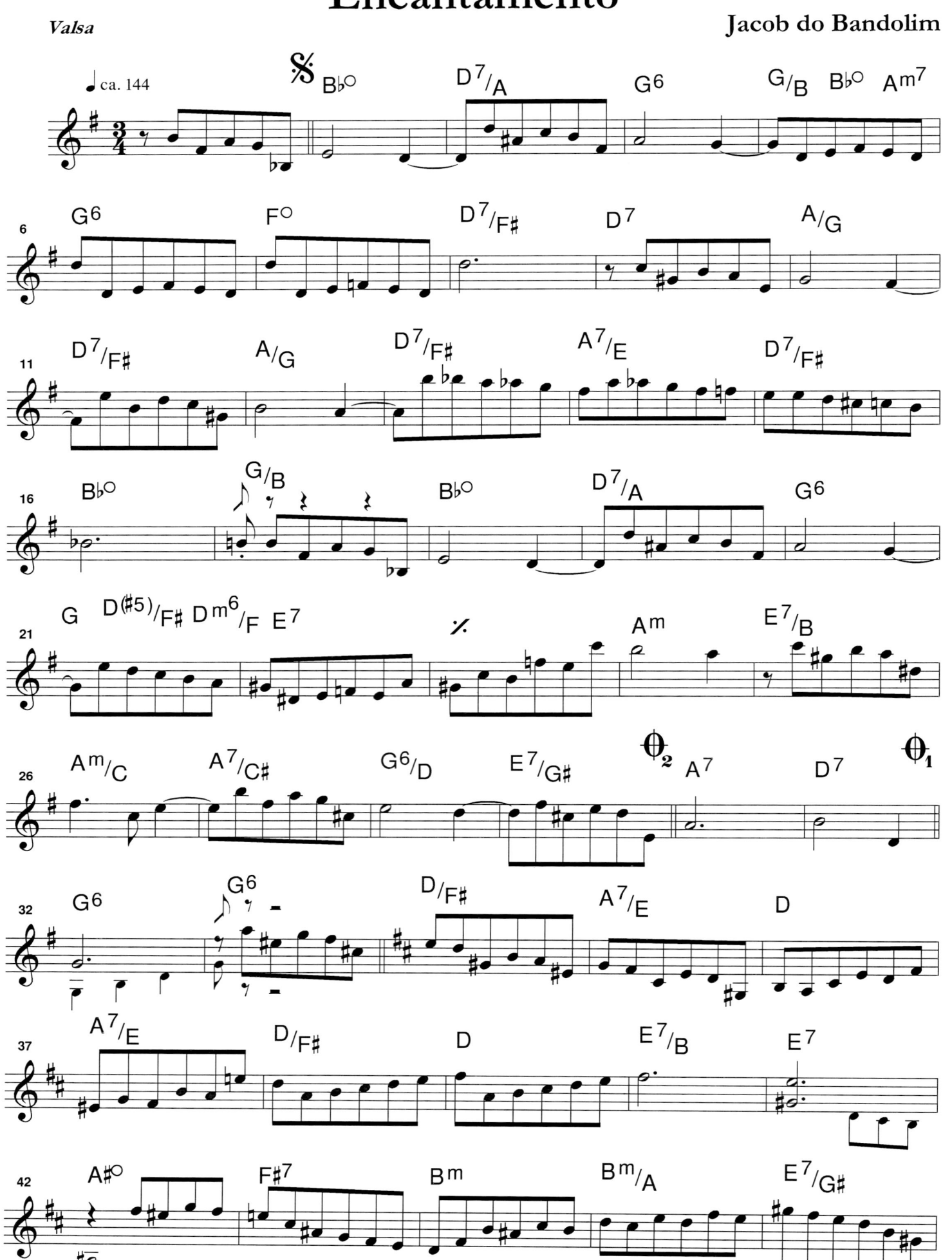

Valsa   Jacob do Bandolim

Copyright © by WARNER CHAPPELL EDIÇÕES MUSICAIS LTDA

47
E7
Gm6/B♭
A7
B♭7
B♭7/F
F/A
53
D7/F♯
Gm
A7/E
Dm/F
D7/F♯
Gm/B♭
59
F°
D/F♯
B♭7
E♭/G
A7
64
D
D
Ao 𝄋 e Φ1
Φ1
G
G
68
G
G/F
G7/D
G7/B
C
C/E
74
E♭°
Dm7
Dm/C
D7/A
G7
C
81
C/G
E♭°
G
G/F
E7
87
E/D
Am/C
Am
G°
A7
Dm
93
D7/A
G7
C
A♭7
D♭
G7
C
99
C
Ao 𝄋 e Φ2
Φ2
A7
D7
G
G

Estímulo nº 1

Estudo
Jacob do Bandolim

*" Exercício de : digitação , palhetada e leitura , na primeira posição do bandolim.
Composto , especialmente , para o neuro-bandolinista Dr. Arnoldo Velloso da Costa por
Jacob Bittencourt
Brasília , 11 / 03 / 68 "*

Falta-me você

Choro

Jacob do Bandolim

31
1 F6
C7
2 F6
C7
35
Fm
Fm (7M)
Fm7
B♭m
F7
B♭m
39
C7
Fm
C7
Fm
43
F7
E♭m6
F7
B♭m
Gm7(♭5)
47
D♭7
Gm
C7
Fm
1 C7
51
2 C7
Ao 𝄋
e 𝄌
F6

Feitiço

Valsa

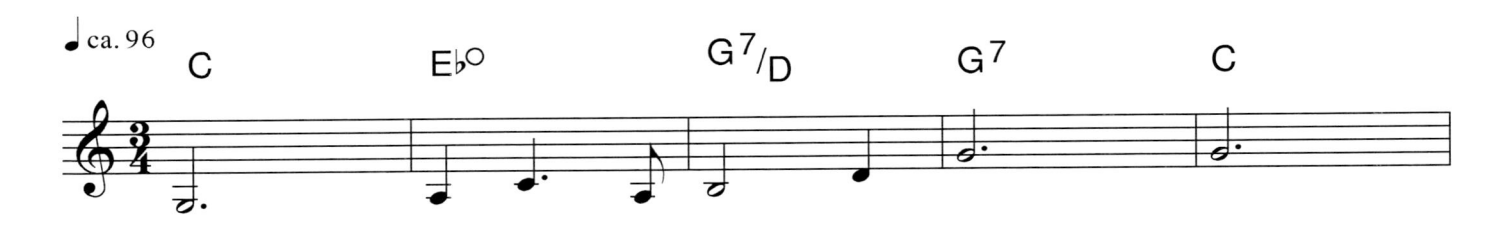

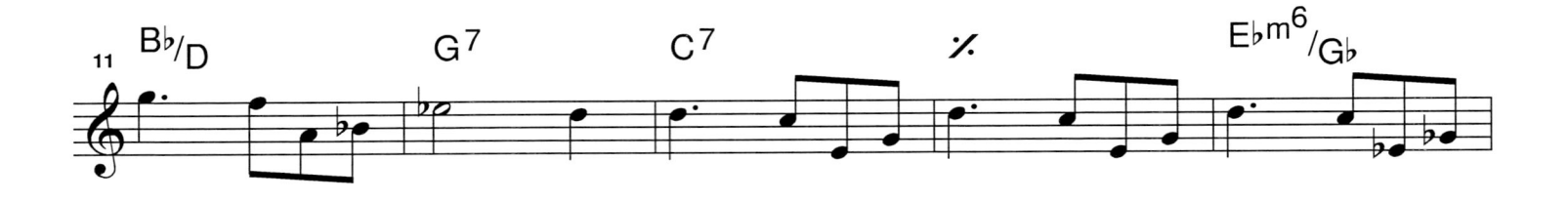

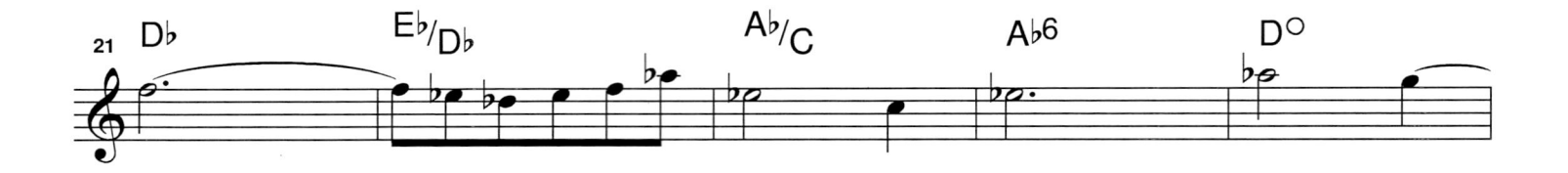

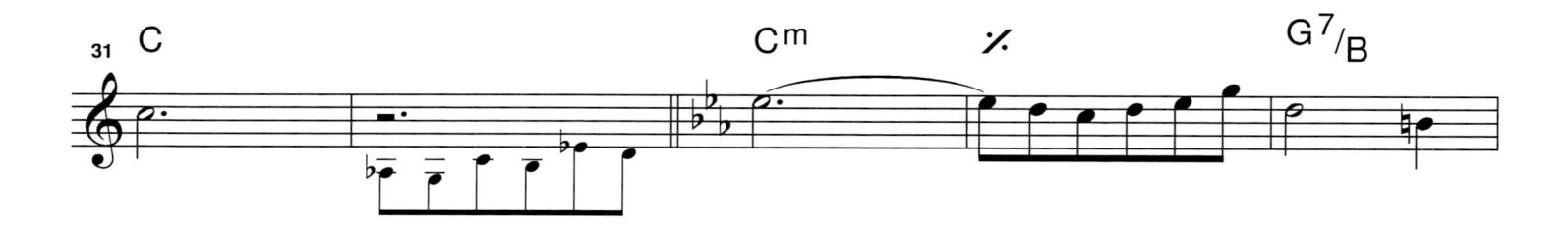

Jacob do Bandolim

*" Nov. 48 - Jacarepaguá
Casa de Manoel Ferreira"*

Foi numa festa

Samba-canção

Jacob do Bandolim

Foi nu-ma fes-ta que en-con-trei-te di-vi-nal E pa-ra au-men-tar o mal con-vi-dei-te pr'a dan-çar O teu o-lhar o teu ca-be-lo o teu per-fil Teu sem-blan-te ju-ve-nil me fi-ze-ram de-li-rar Es-ta-vas ves-ti-da com a cor da es-pe-ran-ça E na-que-la con-tra-dan-ça, eu sen-ti o que é o a-mor A-go-ra cho-ro os pra-ze-res do mo-men-to Ho-je sei o que é um tor-men-to Ho-je sei o que é u-ma dor Há na tris-te-za dos teus o-lhos tão a-me-nos, Tão se-re-nos, eu vi tu-do de u-ma vez

Copyright © 1977 by UNIVERSAL MUSIC PUBLISHING MGB BRASIL LTDA

Foi numa festa que encontrei-te divinal
E para aumentar o mal convidei-te pr'a dançar
O teu olhar, o teu cabelo, o teu perfil
Teu semblante juvenil me fizeram delirar

Estavas vestida com a cor da esperança
E naquela contradança, eu senti o que é o amor
Agora choro os prazeres do momento
Hoje sei o que é um tormento
Hoje sei o que é uma dor

Há na tristeza dos teus olhos tão amenos,
Tão serenos, eu vi tudo de uma vez
Vi maldade, vi amor, sinceridade
Três palavras que o destino já desfez

E tocando este samba estou chorando
Receoso de aumentar esta paixão
Tu não entendes, nem tampouco compreendes
O meu pobre coração

Forró de gala

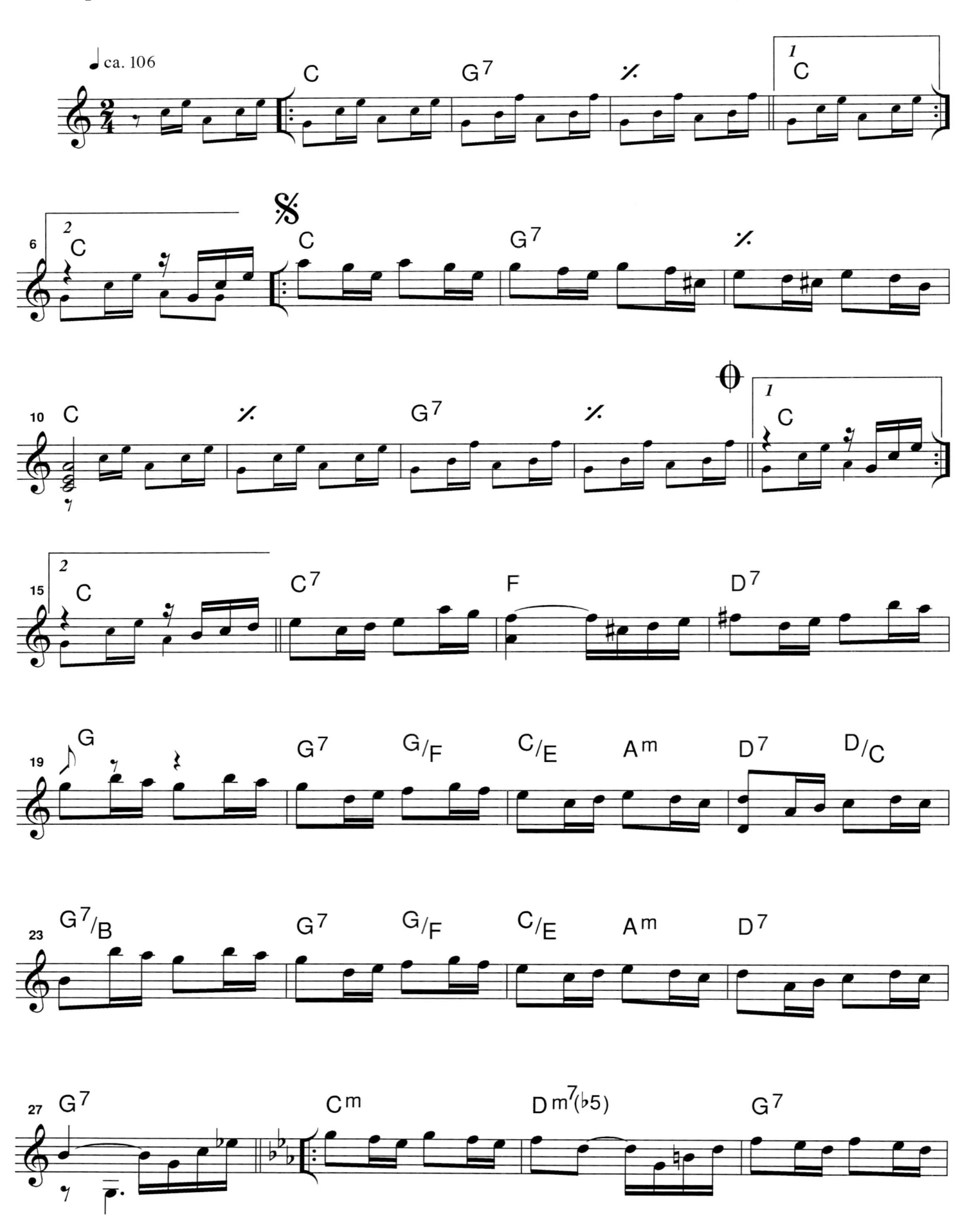

Coquinho
Jacob do Bandolim

obs: título dado por Dona Júlia, mãe do violonista Cesar Faria.

Gostosinho

Jacob do Bandolim

Choro

46
Gm6
Dm/F
A7/E
1 Dm
A7
51
2 Dm
Db7
C7
Ao 𝄋 e Φ1
Φ1 F6
F7
55
Bb6
Gb7
F7
60
Bb6
Bb6
65
Dm/A
Dm
E7
A7
Dm
B°
70
Cm7
F7
Bb6
Gb7
75
F7
Fm6/Ab
G7
Cm7
C#°
81
Bb/D
G7
Cm7
C7(9)
F7
1 Bb6
F7
87
2 Bb6
B7
C7
Ao 𝄋 e Φ2
Φ2 C7
F6

Helena

Valsa

Jacob do Bandolim

[♩ ca. 92]

37
Am
F♯m7(♭5)
B7
B7/F♯
Em
42
B7
Em
A♯°
Bm
46
G/F
C/E
F♯7
B7
51
Em
E7/G♯
Am
F♯m7(♭5)
55
B7
B7/F♯
Dm6/F
E7
Am
60
B7/F♯
Em/G
Am6
B7(♭13)
65
1 Em
B7
2 Em
D7
Ao 𝄋
e 𝄌
69
A7
A♭7
G7M

Horas vagas

Choro

Jacob do Bandolim

"Graças à inspiradora presença de Patrocínio, amigo velho
27 / 08 / 50 "

obs: Patrocínio Gomes, autor de Pardal Embriagado.

Inocência

Jacob do Bandolim
Luiz Bittencourt

Samba-canção

♩ ca. 54

Se em teu semblante de criança pura Pu-
desse confiar o que desejo Não viverias em pródiga amargura que tortura Esperando em vão o que almejo Jamais supuz querer-te tanto assim Sem contudo mereceres um carinho Tu não vieste ao mundo para mim Como também...
não cruzarás o meu caminho Guardei no coração tua lembrança, Chorei, a leviandade de criança

Copyright © 1977 by UNIVERSAL MUSIC PUBLISHING MGB BRASIL LTDA

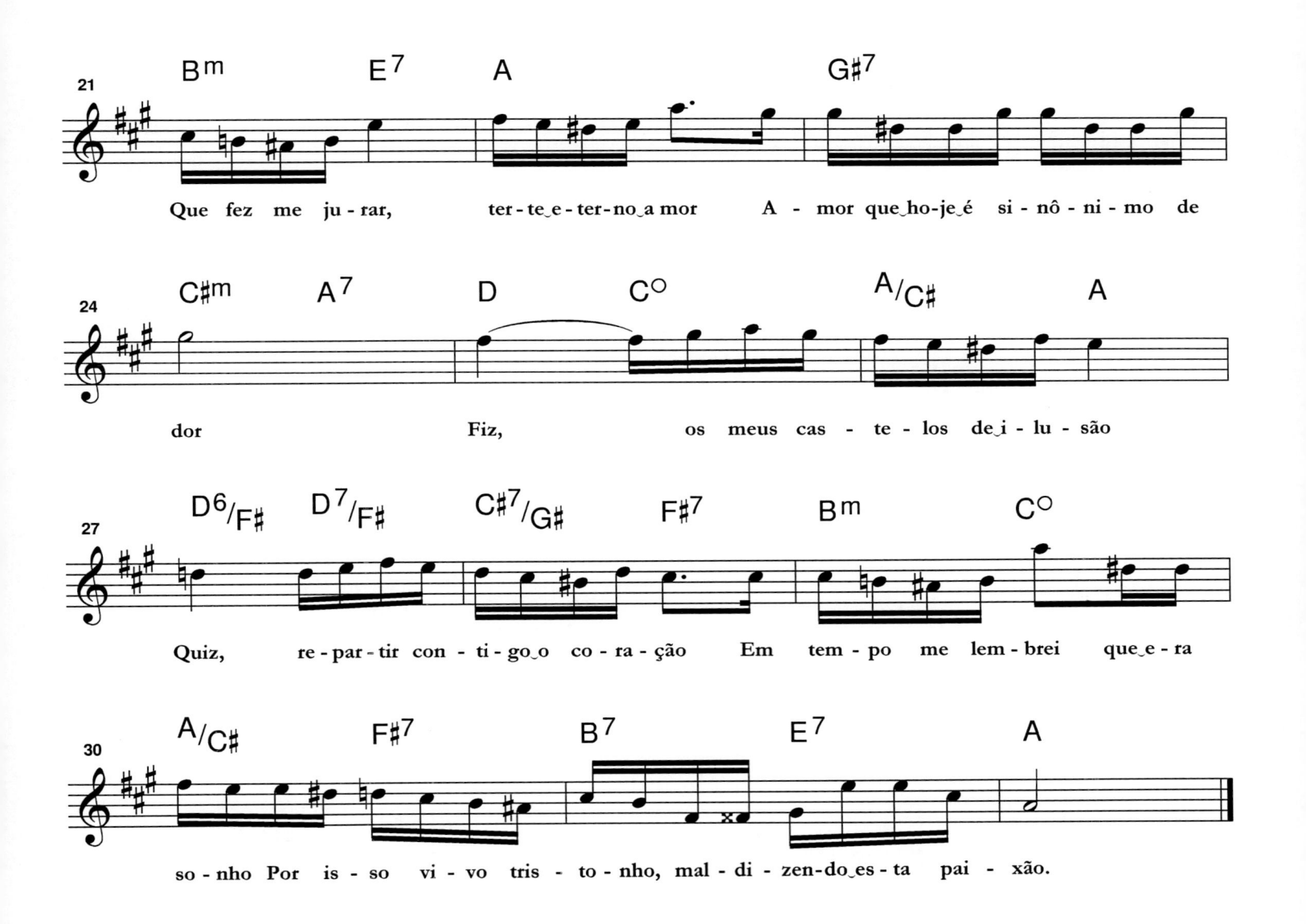

Se em teu semblante de criança pura
Pudesse confiar o que desejo
Não viverias em pródiga amargura que tortura
Esperando em vão o que almejo

Jamais supuz querer-te tanto assim
Sem contudo mereceres um carinho
Tu não viestes ao mundo para mim
Como também... não cruzarás o meu caminho

Guardei no coração tua lembrança,
Chorei, a leviandade de criança
Que fez me jurar, ter-te eterno amor
Amor que hoje é sinônimo de dor

Fiz, os meus castelos de ilusão
Quiz, repartir contigo o coração
Em tempo me lembrei que era sonho
Por isso vivo tristonho, maldizendo esta paixão.

Jamais

Samba-canção

Jacob do Bandolim
Luiz Bittencourt

Jul - gas que nun - ca te a - mei
E ho - je es - car - ne - ço de ti
Re - lem - bran - do que quan - to so - fri,
cho - rei
E Deus que ou - viu sem can -
sar, Pro - mes - sas e ju - ras de amor,
Só E - le sa - be,
que eu te a - do - rei Com fer - vor
Com ar - dor
Mas fi - nal - men - te pas - sou
A fe - bre com que eu te quis
A es - tre - la que me faz fe - liz
Vol - tou
E não me re - cor - do da dor
Que sen-

Copyright © by ASSOCIAÇÃO DEFENSORA DE DIREITOS AUTORAIS FONOMECÂNICOS

*Julgas que nunca te amei
Porque hoje escarneço de ti
Relembrando o quanto sofri e chorei...
E Deus que ouviu sem cansar,
Promessas e juras de amor,
Só Ele sabe, que eu te adorei
Com fervor...
Com ardor...*

*Mas Finalmente passou
A febre com que eu te quiz...
A estrela que me faz feliz, voltou...
E não me recordo da dor
Que senti, ao perder este amor
Este amor que tal qual uma flor
Já murchou...*

*És inocente em pensar
Que por ti hoje vivo a chorar
E não te lembras, porém,
Que este alguém,
Agora já é capaz
De suportar esta dor
E clamar que não quer teu amor
Jamais ...*

obs: oferecido a Elizeth Cardoso.

Jeitoso

Choro

Jacob do Bandolim

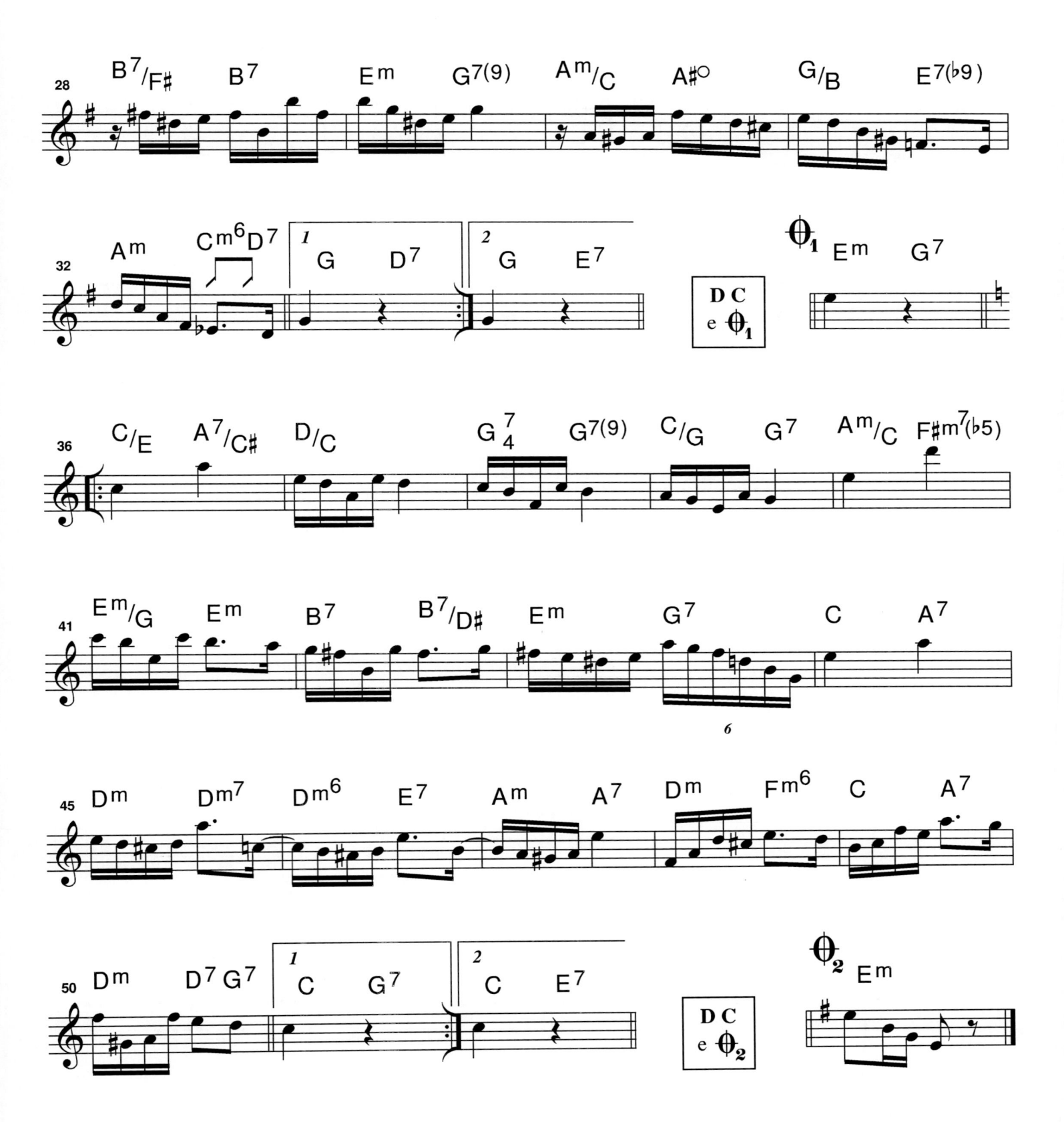

" *Rio 09 / 08 / 69 - Em casa*
Para Hermenegildo gravar no estúdio de Norival Reis "

obs: composto num sábado dia 9, ensaiou no domingo 10,
na quarta-feira, dia 13 / 08 / 1969, faleceu.

Longe dos carinhos teus

Samba

Jacob do Bandolim

Do - lo - ri - da sin - to a al - ma pra so - frer per - di -
a cal - ma des - de que no - tei a tu - a au - sên -
- - - - cia Ti - ve pa - ci - ên - cia um
di - - - a e só por tei - - mo -
si - - - a Es - pe - rei em vão meu co - ra - ção
dis - se que não vi - ri - as mais A - ca - bou - se em meu
pei - to a paz

Copyright © 2011 by IRMÃOS VITALE S/A INDÚSTRIA E COMÉRCIO

Dolorida sinto a alma
Pra sofrer perdi a calma
Desde que notei a tua ausência
Tive paciência um dia
E só por teimosia

Esperei em vão
Meu coração
Disse que não
Virias mais
Acabou-se em meu peito
A paz ...

Eu não sei
Se resistirei
Talvez Deus há de fazer
Que longe dos carinhos teus
Eu possa viver
Ai... Ai ...

Mágoas

Jacob do Bandolim

Choro

Em Em(7M) Em7 Em6 Am F#m7(b5)
Em Em/D F#7/C# C#m7(b5) C7 B7/4 B7
E7 Am F#m7(b5)
Em 1 F#m7(b5) B7 Em B7
2 F#m7(b5) B7 Em
Ao 𝄋 e 𝄌
Am7 D7 G6/9 G6 F6/9 F6/9
Eb6/9
G6/9 G6/9

Maroto

Choro
Jacob do Bandolim

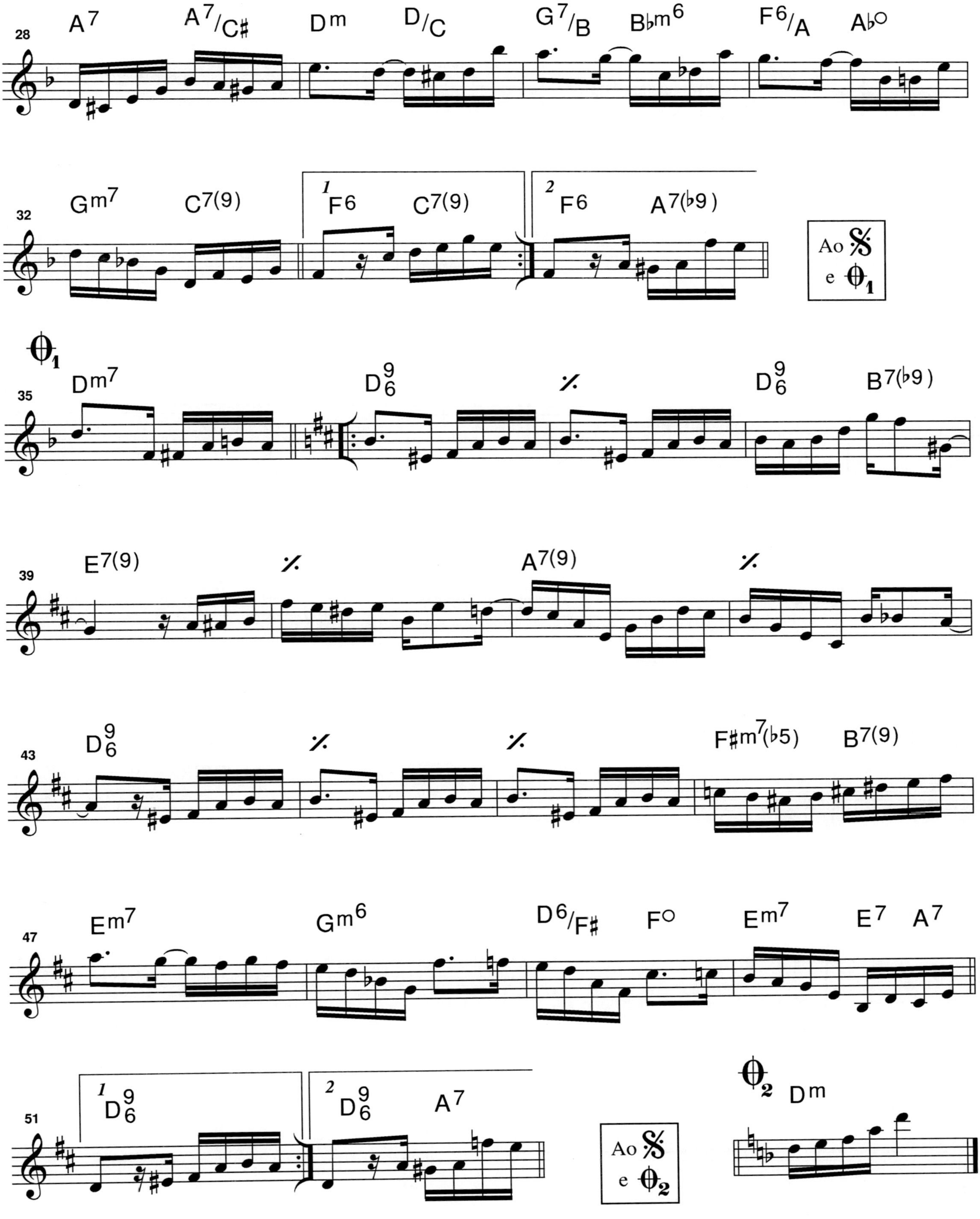
28
A7 A7/C♯ Dm D/C G7/B B♭m6 F6/A A♭○
32
Gm7 C7(9) 1 F6 C7(9) 2 F6 A7(♭9)
Ao 𝄋 e Φ1
Φ1
35
Dm7 D 9/6 D 9/6 B7(♭9)
39
E7(9) A7(9)
43
D 9/6 F♯m7(♭5) B7(9)
47
Em7 Gm6 D6/F♯ F○ Em7 E7 A7
51
1 D 9/6 2 D 9/6 A7
Ao 𝄋 e Φ2
Φ2 Dm

Meu lamento
(Meu samba é meu lamento)

Ataulpho Alves
Jacob do Bandolim

Samba

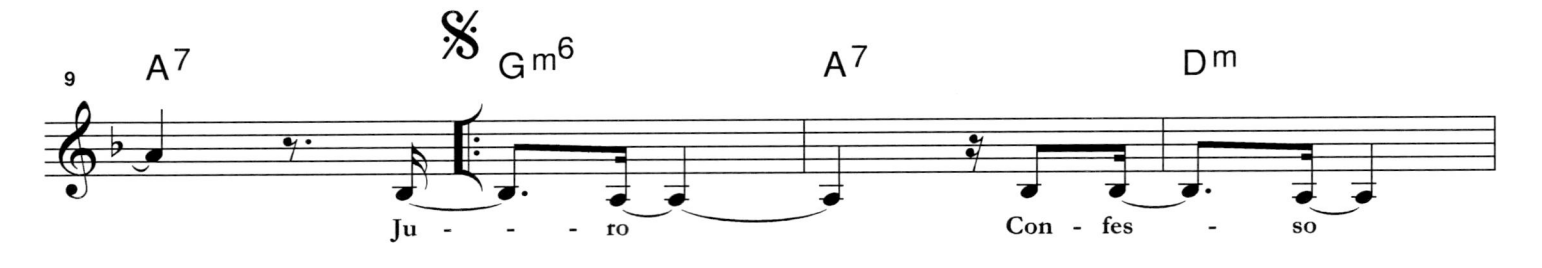

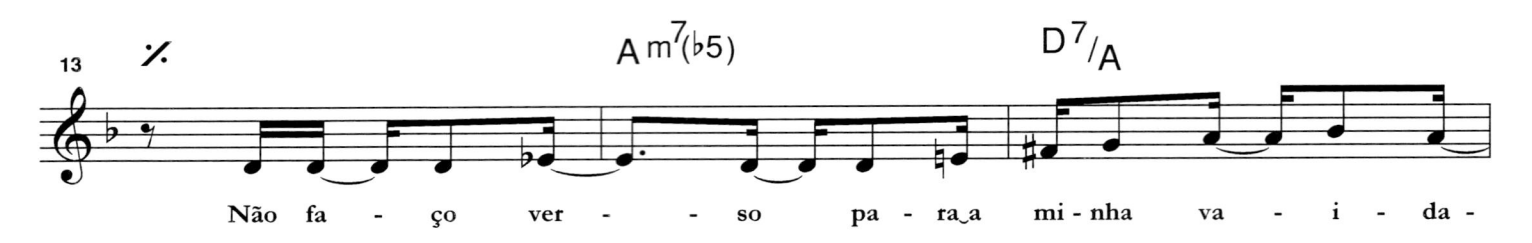

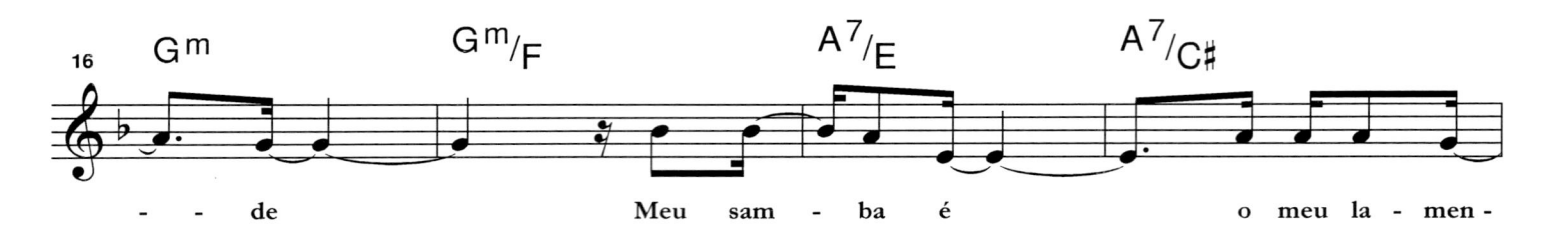

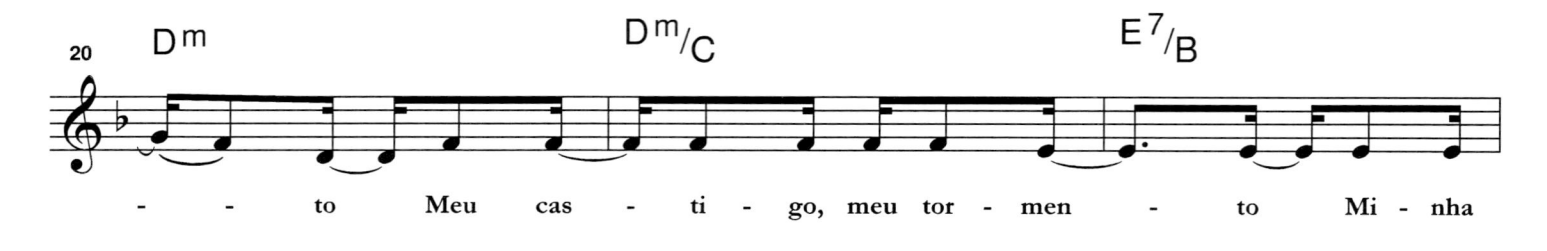

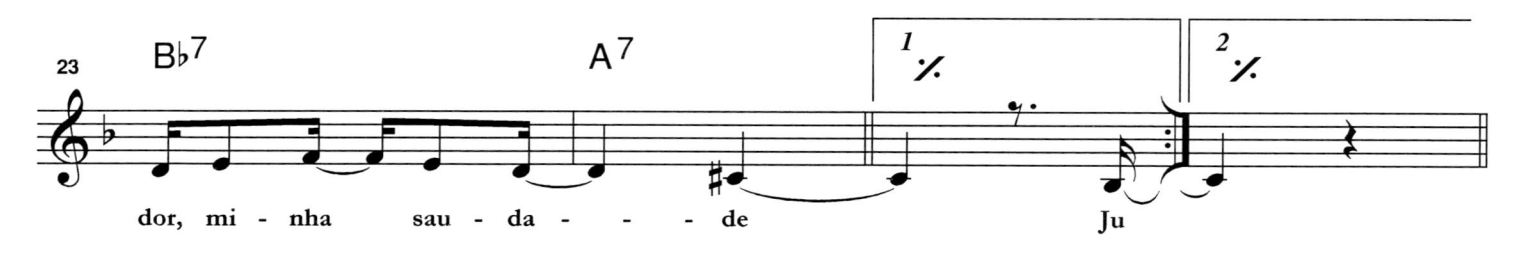

Ju - ro   Con - fes - so   Não fa - ço ver - so pa - ra a mi - nha va - i - da - de   Meu sam - ba é o meu la - men - to   Meu cas - ti - go, meu tor - men - to   Mi - nha dor, mi - nha sau - da - de   Ju

Juro
Confesso
Não faço verso para a minha vaidade
Meu samba é o meu lamento
Meu castigo, meu tormento
Minha dor, minha saudade

Por amar
Quase fracassei na vida
Por acreditar
Sincera
Em pessoa tão fingida

Meu viveiro

Choro
Jacob do Bandolim

" Comp. em 1948 "

Migalhas de amor

Choro

Jacob do Bandolim

Versão - F

29
Dm
E7/G♯
A7
Dm
A7
33
Dm
C7(♯5)
F
Cm6/E♭
D7
37
Gm
D7
Gm
Gm/F
C7/E
C/B♭
41
F/A
F
C7
F
Cm6/E♭
D7
45
Gm
B♭m6/D♭
F/C
Dm
Gm
C7
49
F
C7(♯5)
F
A7
Ao 𝄋
e 𝄌
54
Dm
Gm6
Dm6

Migalhas de amor

Choro
Jacob do Bandolim

85

Mimosa

Valsa

Jacob do Bandolim

"23 / 02 / 52"

Nego frajola

Samba

Jacob do Bandolim

F♯m C♯7/G♯ F♯m/A F♯7/A♯ F♯7 Bm
F♯m/A C♯7/G♯ G7 F♯7
Bm G♯m7(♭5) F♯m/A F♯m C♯7/G♯ C♯7 1 F♯m
2 F♯m
Ao 𝄋 e 𝄌
A A♯○ E7/B E7
A A♯○ E7/B E7 A A♯○
E7/B E7 A A♯○ E7/B E7 A A♯○
E7/B E7 A A♯○ E7/B E7 A A♯○
E7/B E7 A A♯○ E7/B E7 A A♯○
ad libitum

No jardim

Mazurca

Jacob do Bandolim

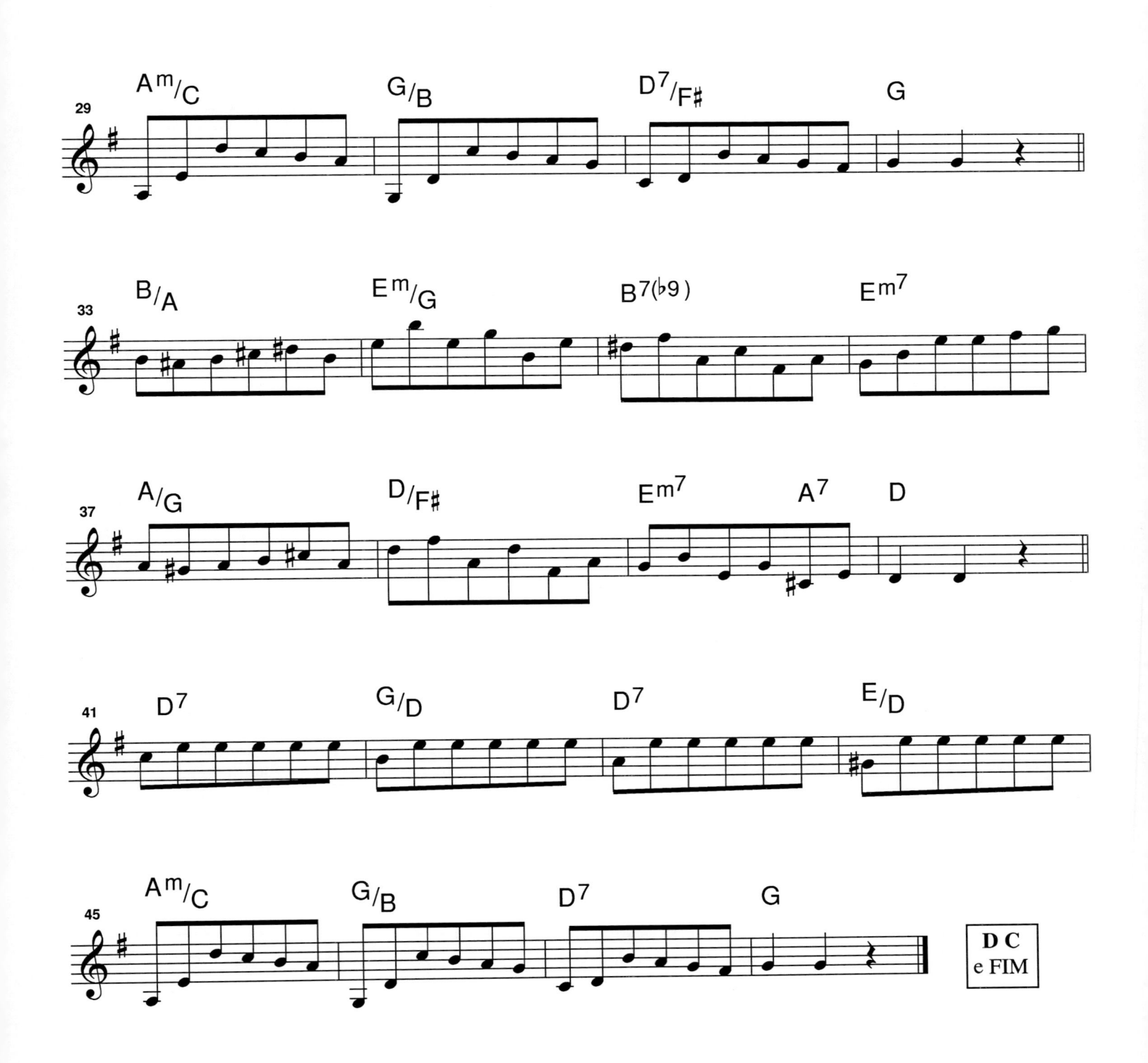

" Composto em 15 / 03 / 68, na residência do Dr. Adelmar Rocha e D. Mariazinha Brasília"

No teatro d'alma

Valsa

Jacob do Bandolim
Pedro Caetano

Cai A tarde leve e mansa mas a noite avança vamos ensaiar Que a melancolia hoje bem mais fria quer se apresentar Coração parece que estou vendo o a proximar tremendo da intranquilidade a sombra do ciúme e seus horrores Ah! Parece que a calma vai se retirar Já Senti que o desengano não deve tardar Estou em pleno palco do teatro d'alma o desespero vibra o tédio bate palma a cena vai recomeçar

FIM

Vamos, não desequilibra mostra a tua fibra de um grande a-

Copyright © 1978 by UNIVERSAL MUSIC PUBLISHING MGB BRASIL LTDA

Cai
A tarde leve e mansa
Mas a noite avança
Vamos ensaiar
Que a melancolia
Hoje bem mais fria
Quer se apresentar
Coração
Parece que estou vendo
O aproximar tremendo
da intranquilidade
A sombra do ciúme e seus horrores...
Ah!
Parece que a calma vai se retirar
Já
Senti que o desengano não deve tardar
Estou em pleno palco do teatro d'alma
O desespero vibra, o tédio bate palma,
A cena vai recomeçar...

Vamos
Não desequilibra
Mostra a tua fibra
de um grande ator!
Conversa com a saudade
Naturalidade
Ao defrontar com a dor
Não deves recuar
Ante a realidade da cruel tragédia
Que
A tua própria sorte idealizou
E a vida
Como personagem te apresentou!
Eu sei
Que é muito desigual
Mas deves te lembrar
Que és o ator principal!

Noites cariocas

Choro

Jacob do Bandolim

41 D m F6 F♯○
46 C/G A m B7 E C♯m7 F♯m7 B7
50 E G7 C
55 A7/C♯ D m
60 F6 E♭○ E7 E/D A7/C♯ A7 D m G7
66 1 C 2 C C♯7 D7
Ao 𝄋 e 𝄌
70 G G○ G○
74 G F♯7 F7 E7 A7 D7 G
78 1 2 G○ G

Nostalgia

Jacob do Bandolim

Choro

Versão - F

38
D7(♭9) G7 C E7/G♯ E7 Am E7/B A7/C♯
43
Dm/F Dm Dm/C E7 E7/G♯ E7 Am/C
48
B7/F♯ E7/G♯ Am F♯m7(♭5) Em/G Em
53
B7/F♯ B7/D♯ Dm6/F E7 Am
58
A/G Dm/F A7/E Dm Dm/C E7/B
62
E7 E7/G♯ Gm6 A7 Dm/F
66
Dm6 Am/C Am B♭ E7/G♯ E7
71
Am A♭7 G7
Ao 𝄋
e 𝄌
D7(♭9) G7 Cm Fm6 Cm

Nostalgia

Choro

Jacob do Bandolim

38
G7(♭9) C7 F A7/C♯ A7 Dm A7/E D7/F♯
43
Gm/B♭ Gm Gm/F A7 A7/C♯ A7 Dm/F
48
E7/B A7/C♯ Dm Bm7(♭5) Am/C Am
53
E7/B E7/G♯ Gm6/B♭ A7 Dm
58
D/C Gm/B♭ D7/A Gm Gm/F A7/E
62
A7 A7/C♯ Cm6 D7 Gm/B♭
66
Gm6 Dm/F Dm E♭ A7/C♯ A7
71
Dm D♭7 C7
Ao 𝄋
e 𝄌
G7(♭9) C7 Fm B♭m6 Fm

O vôo da mosca

Valsa

Jacob do Bandolim

obs: composta em 1962.

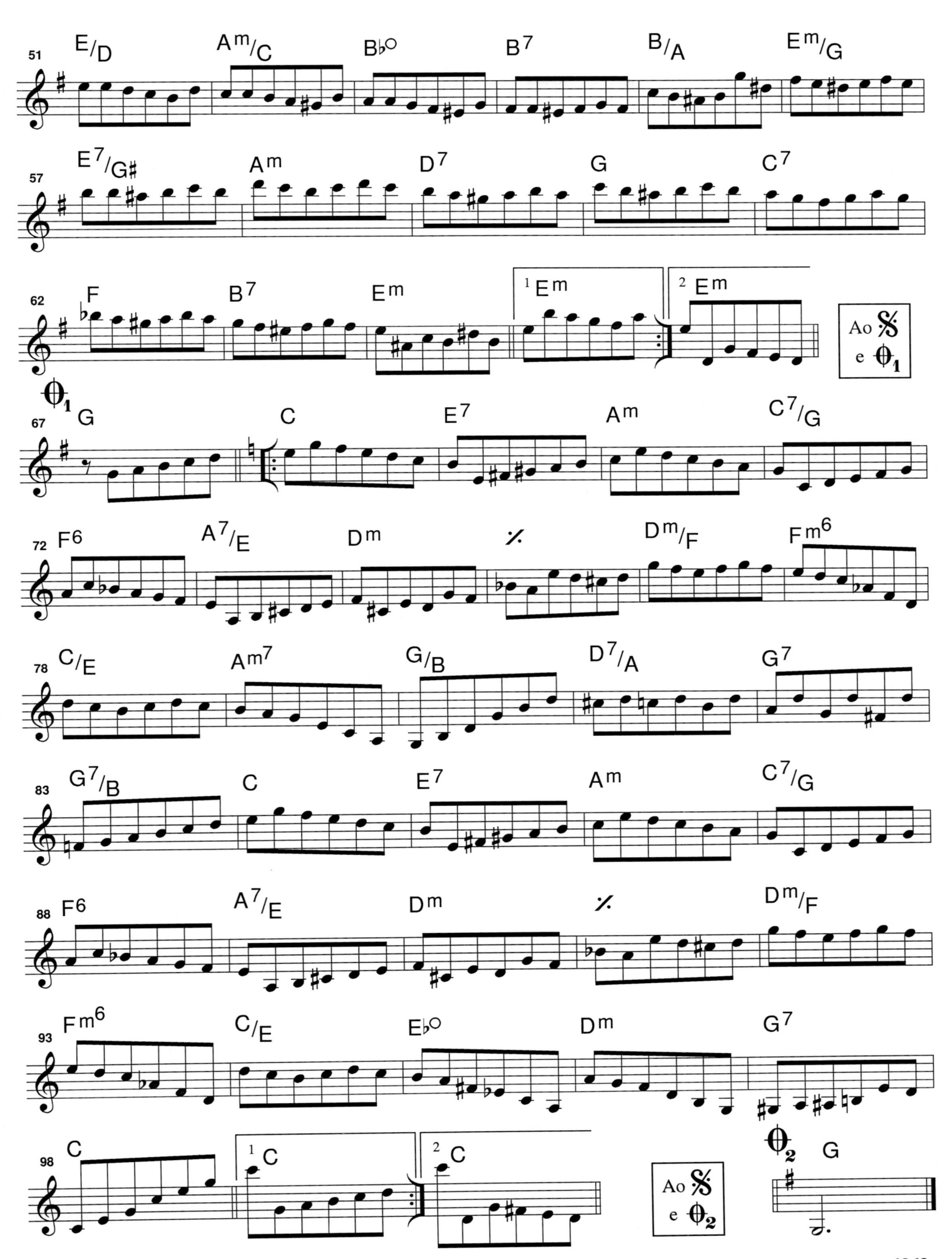

Para eu ser feliz

Valsa

Jacob do Bandolim

*Em Janeiro 1949
Jacarepaguá
Calcado no soneto do mesmo nome de Hermes Fontes*

Pateck cebola

Jacob do Bandolim

Polca

"04/06/66
05/06/66
Em casa"

Pé de moleque

Choro
Jacob do Bandolim

32
G♯7 C♯7 1 F♯m 2 F♯m C○
D C e Φ1
Φ1
35
A A7 D/F♯ Em/G E7/G♯ A7 A/G
39
D/F♯ D Bm F♯/C♯ D♯7 G♯7 C♯7
43
F♯7 F♯7/A♯ Bm F♯7/C♯ Bm/D B7/D♯ Em B7/F♯
47
Em/G G♯○ D/A Bm7 E7 A7
51
1 D A7 2 D
6
D C e Φ2
Φ2
53
A C○ E7/B E7/G♯ A C○ E7/B E7/G♯
ad libitum

Preciosa

Valsa

Jacob do Bandolim

109

Primavera

Jacob do Bandolim

Choro

*"Em 10 / 05 / 64
Em casa"*

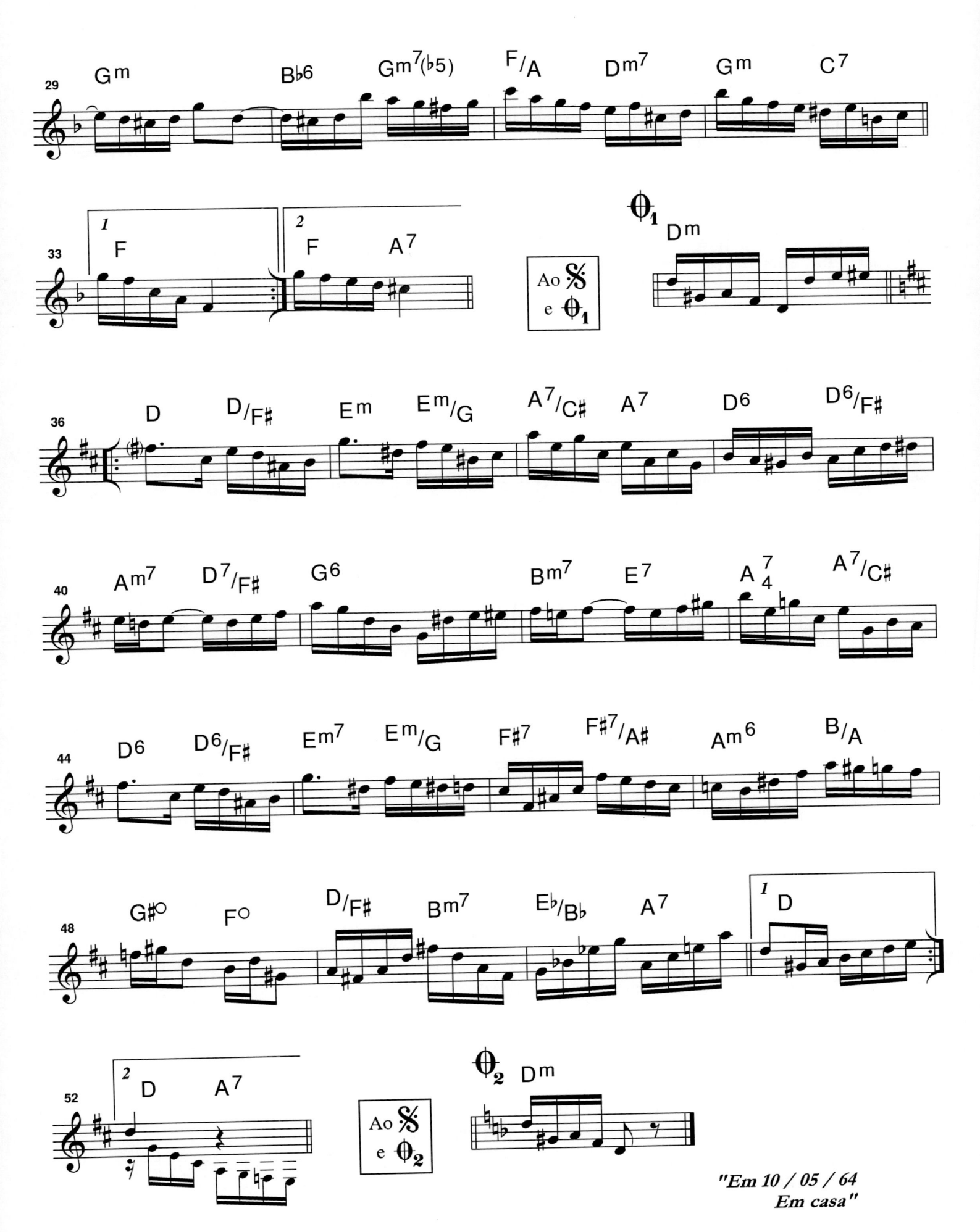

Receita de samba

Jacob do Bandolim

Samba

E7/G♯ E7/B Am/C Am/E Am6/C
Am6 F♯m7(♭5) Em/G F♯7
B7/D♯ B7 B7/D♯ B7/F♯
Em/G Em/B E7/G♯ E7/B
Am/C Am/E Am6/C Am6 F♯m7(♭5) Em/G
Em Em/D F♯7/C♯ Am6/C B7 1 Em
2 Em D7
Ao 𝄋 e 𝄌
Am/C D7/F♯
Dm6/F E7 E/D Am/C C♯° G/D
E7 E7/G♯ Am D7/F♯ D7 G

Rua da Imperatriz

Frevo

Jacob do Bandolim

33 Am E7
37 Am E7/B
41 Am G7
45 C G7
49 C E7 Am
53 E7 Am E7
57 Am Am E7 Am
Ao
e
Am

Saliente

Choro
Jacob do Bandolim

G G/F G7 C
E7/G♯ E7 Am F
F/A Fm/A♭ C/G C Am7 Dm G7
C° G7 G7 C
E7/G♯ E7 Am
F F/A Fm/A♭ C/G C Am7 Dm
G7 C C C♯7 D7
Ao
e
G E7 Am D7 G E7 Am D7
G E7 Am D7 G E7 Am D7
ad libitum

Salões imperiais

Valsa   Jacob do Bandolim

50 Dm E7/G# Am F#m7(b5) Em/G
55 B7/F# Em G7/D G7 G7/B
60 C Eb° Dm G7 C C/Bb
66 F/A A7/E Dm F#° C/G
71 G7 C 1 C 2 C
Ao 𝄋 e 𝄌1
𝄌1 75 F Bb B° Cm F7 Bb
81 B° Cm F7 Gm/Bb D7/A Gm
87 Em7(b5) Dm/F A7/E Dm F7/C Bb
93 B° Cm F7 Bb B° Cm
99 F7 Bb D7/A Gm E° Bb/F
105 F7 Bb 1 Bb 2 Bb
Ao 𝄋 e 𝄌2
𝄌2 F

Sapeca

Frevo — Jacob do Bandolim

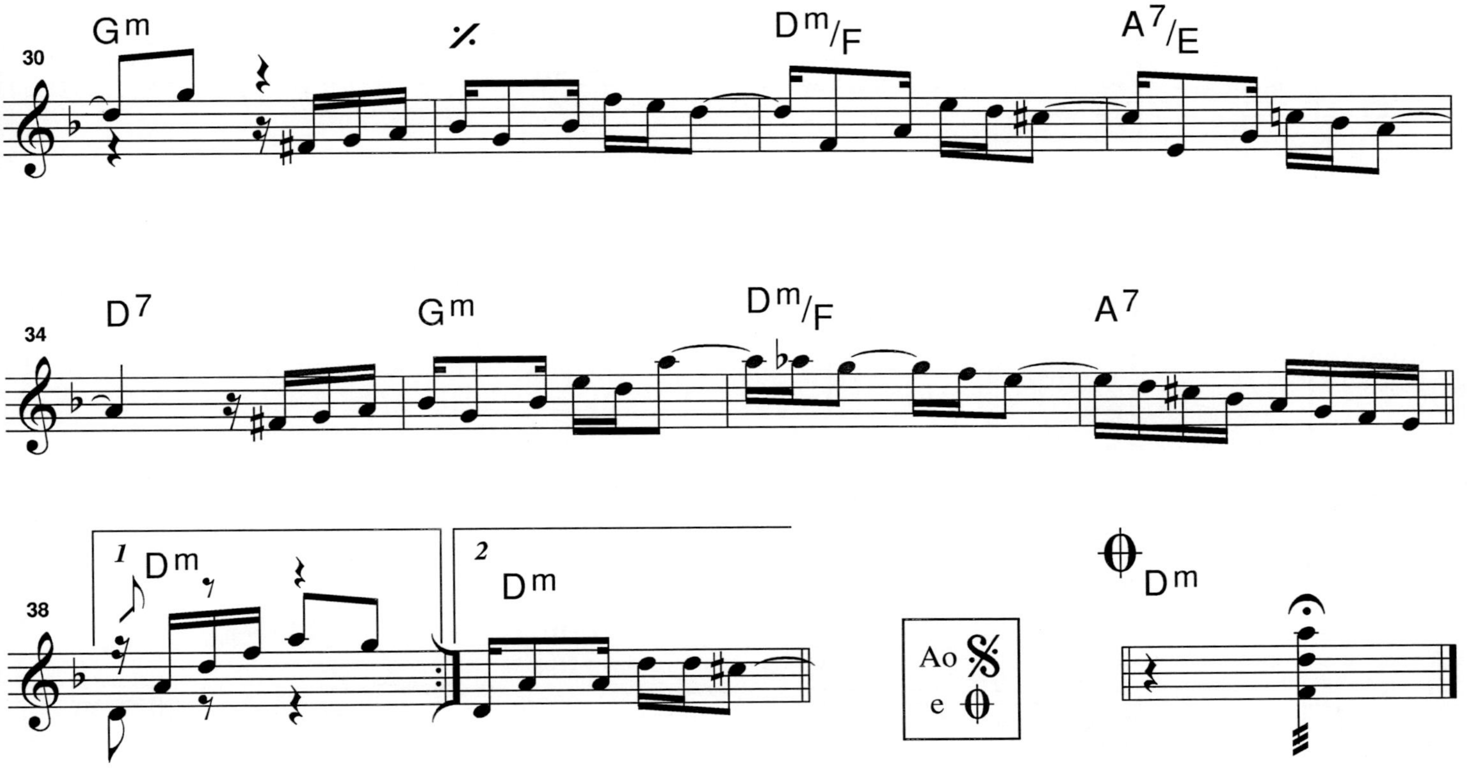
30
Gm
Dm/F
A7/E
34
D7
Gm
Dm/F
A7
38
1 Dm
2 Dm
Ao 𝄋
e 𝄌
Dm

Se alguém sofreu

Samba

Jacob do Bandolim

Se al-guém so-freu co-mo eu e por sor-te es-que-ceu seu pri-mei-ro a-mor Pro-mes-sas não ou-viu ci-ú-mes não sen-tiu des-co-nhe-ce o pre-ço de u-ma dor Se al-

Quem já fez o que eu fiz por al-guém que não quis
Ho-je sou o-bri-ga-do a lem-brar meu pas-sa-

Se alguém sofreu como eu
e por sorte esqueceu
seu primeiro amor
Promessas não ouviu
ciúmes não sentiu
desconhece o preço de uma dor

Quem já fez o que eu fiz
por alguém que não quis
compreender meus ciúmes
Não sentiu o coração
palpitar de paixão
nem ouviu meus queixumes

Hoje sou obrigado a
lembrar meu passado
cheio de incerteza
Por guardar no coração
a descrença e a ilusão
a chorar de tristeza

" A Aracy, oferece o amigo e colega Jacob "

Tatibitate

Choro

Jacob do Bandolim

G7/D C F♯o F♯o
C/G A7 Dm G7 1 C 2 C
Ao 𝄋 e Φ1
Φ1
Am A Bm E7 E/D
A/C♯ A B7/D♯ E/D
A/C♯ A Bm D7 C♯7
F♯m D♯o A/E F♯7
Bm E7 1 A 2 Am
Ao 𝄋 e Φ2
Φ2
Am E7
ad libitum

Ternura

Choro

Jacob do Bandolim

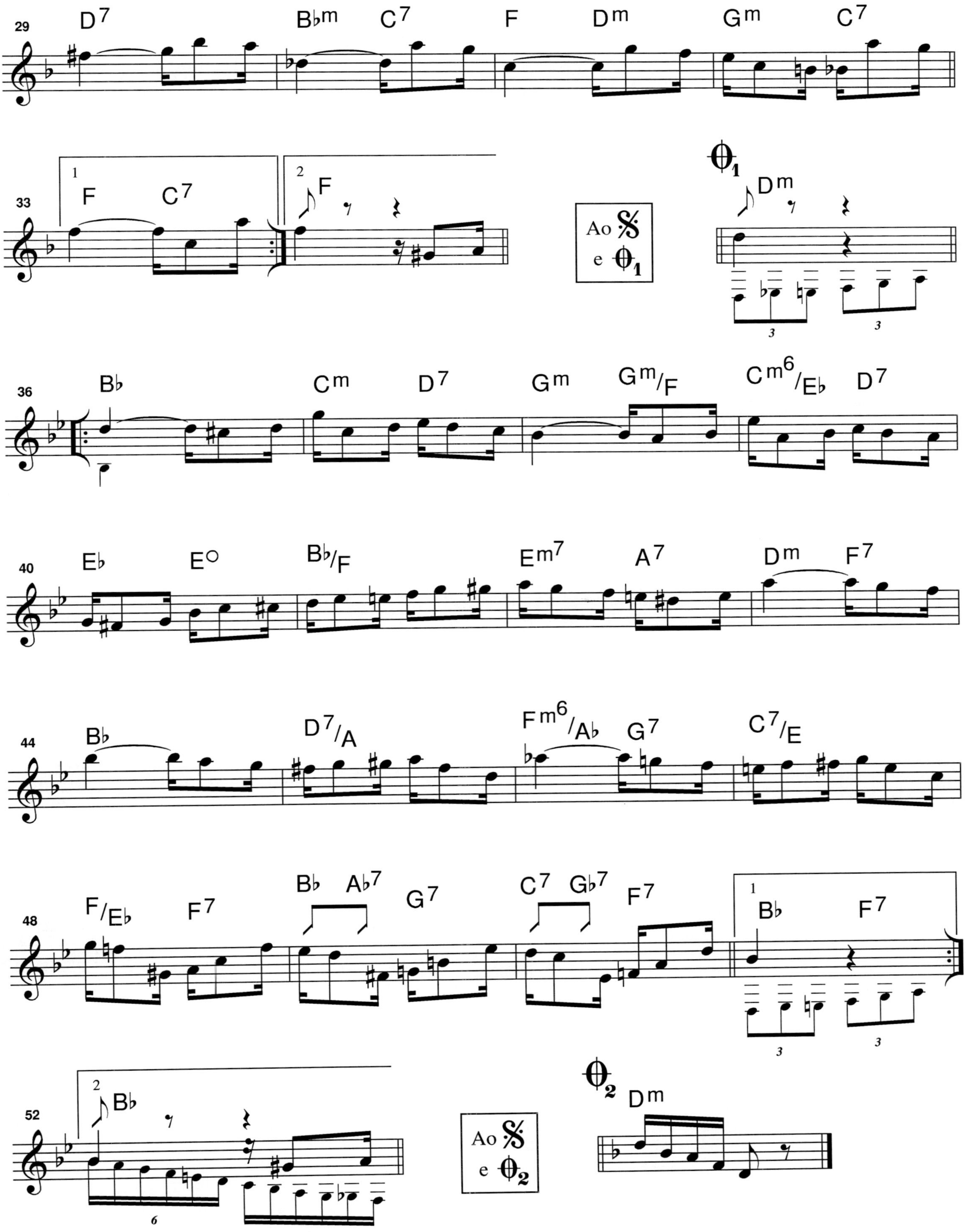
29
D7 B♭m C7 F Dm Gm C7
33
1 F C7
2 F
Ao 𝄋 e 𝄌1
𝄌1 Dm
3 3
36
B♭ Cm D7 Gm Gm/F Cm6/E♭ D7
40
E♭ E° B♭/F Em7 A7 Dm F7
44
B♭ D7/A Fm6/A♭ G7 C7/E
48
F/E♭ F7 B♭ A♭7 G7 C7 G♭7 F7
1 B♭ F7
3 3
52
2 B♭
6 6
Ao 𝄋 e 𝄌2
𝄌2 Dm

Toca pro pau

Frevo

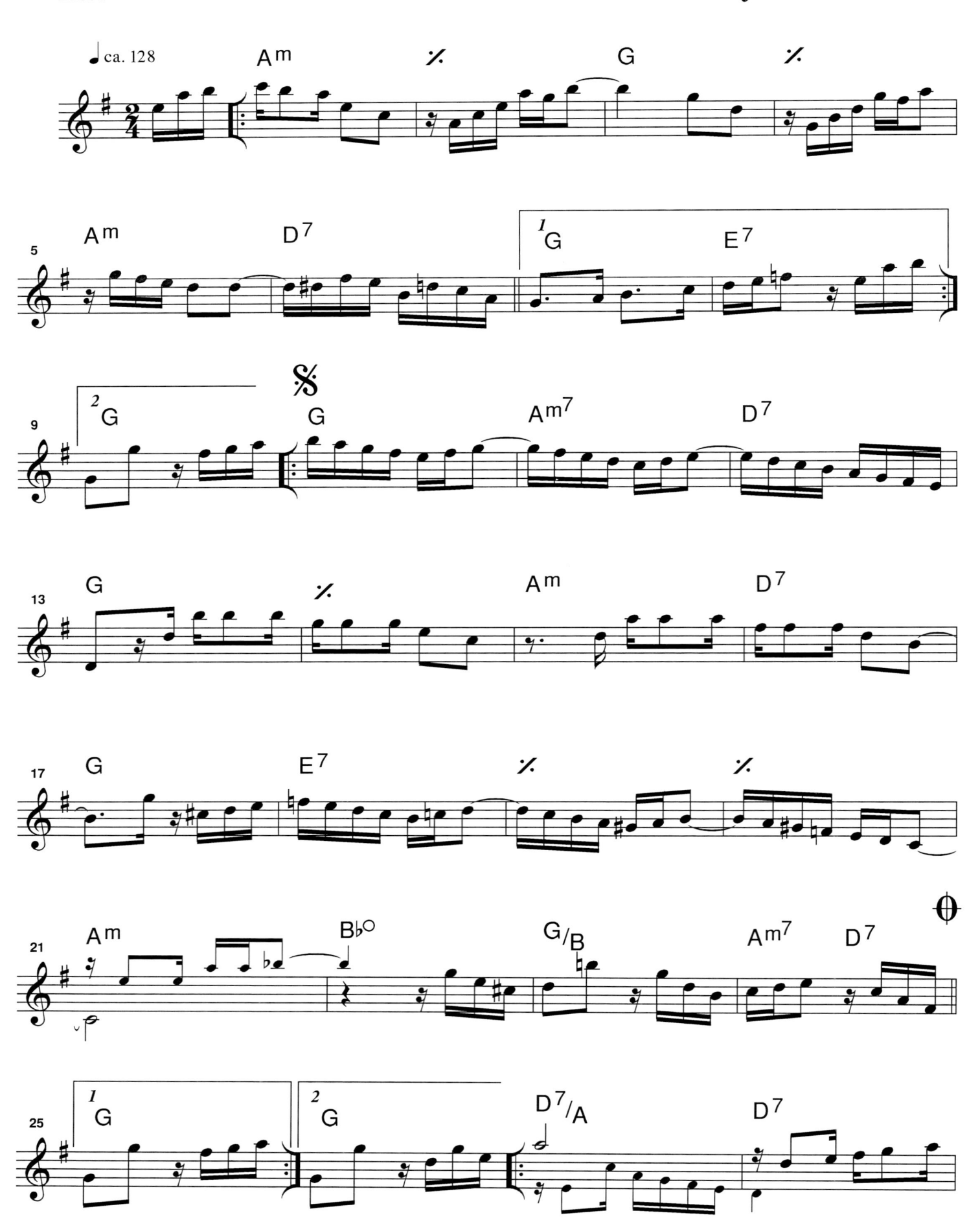

Jacob do Bandolim

129

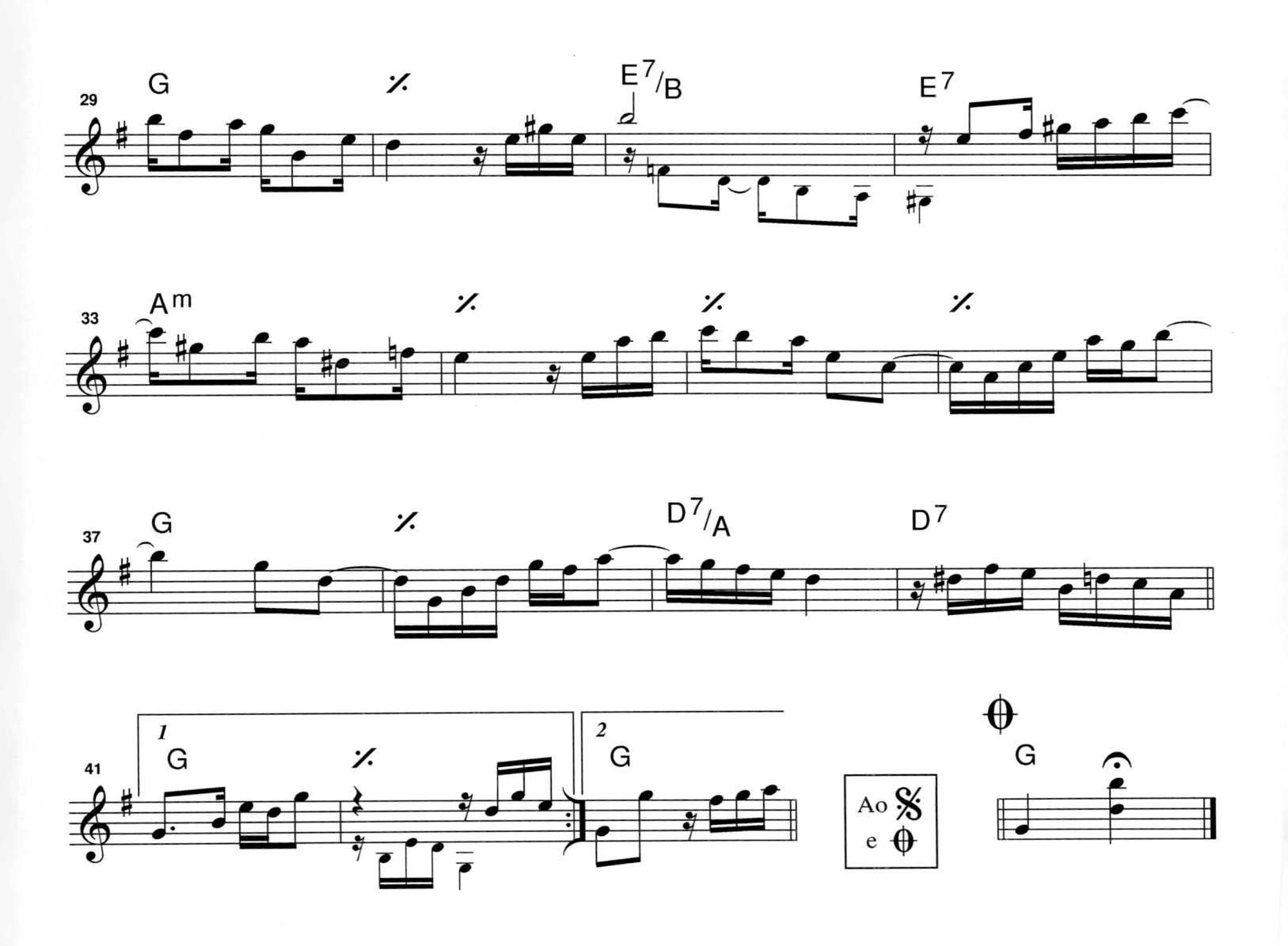

Vale tudo

Partido alto   Jacob do Bandolim

ad libitum

Valsa

Jacob do Bandolim
Valdo de Abreu

34 B7/F♯ E7 E/D A7/C♯ Dm7
38 G7(♭9) C C F
FIM
42 B7 E7 A7 Dm
46 G7 C C7 F
50 B7 E7 A7 Dm
54 G7 C Fm6 C
Ao 𝄋 e FIM

Velhos amigos

Choro
Jacob do Bandolim

" composto em 19/08/60 às 3 horas da manhã em casa "